个人品牌策划力

让你快速脱颖而出

非病猫 著

华中科技大学出版社
http://press.hust.edu.cn
中国·武汉

图书在版编目(CIP)数据

个人品牌策划力:让你快速脱颖而出/非病猫著.—武汉:华中科技大学出版社,2024.2

ISBN 978-7-5772-0359-1

Ⅰ.①个… Ⅱ.①非… Ⅲ.①品牌-企业管理 Ⅳ.①F273.2

中国国家版本馆CIP数据核字(2024)第011664号

个人品牌策划力:让你快速脱颖而出 非病猫 著
Geren Pinpai Cehuali：Rang Ni Kuaisu Tuoyingerchu

策划编辑：饶　静
责任编辑：陈　然
封面设计：琥珀视觉
责任校对：张会军
责任监印：朱　玢

出版发行：华中科技大学出版社(中国·武汉)　　电话：(027)81321913
　　　　　武汉市东湖新技术开发区华工科技园　　邮编：430223

录　排：孙雅丽
印　刷：湖北新华印务有限公司
开　本：880mm×1230mm　1/32
印　张：7.375
字　数：155千字
版　次：2024年2月第1版第1次印刷
定　价：68.00元

本书若有印装质量问题，请向出版社营销中心调换
全国免费服务热线：400-6679-118　竭诚为您服务
版权所有　侵权必究

适用于 |

个人品牌打造者
个人IP打造者
自媒体人
职场人士
自由职业者
以及中小微企业老板

前言

再小的个体，也有自己的品牌

美国著名管理学者汤姆·彼得斯（Tom Peters）说："21世纪的工作生存法则就是建立个人品牌。"

确实如此。在当今竞争越来越激烈的社会背景下，打造个人品牌对每个人来说都越来越重要。而且，个人品牌正越来越快地走进每个人的生活。

更值得注意的是，在移动互联网的赋能下，个人品牌给我们带来的价值，永远超出我们之前的想象。

/ 品牌时代 /

如今，很多人买东西，要么是直接冲进一个大型商场，购买自己认可的品牌；要么直接登录一个大型网购平台，搜索自己想要的品牌；又或者直接到某个人的直播间下单……

为什么人们的购物选择会这么清晰明确呢？简单地说，是因为他们心里已经有了自己认准的品牌，这个品牌包括个人品牌。

我们直接选择品牌，主要是因为品牌给我们带来信任感，我们相信这个品牌能满足自己的需求。

事实就是这样。当我们需要消费的时候，如果没有人推荐，大都不会选择一个陌生的品牌，因为害怕没有保障。所以，一个让人感觉陌生的品牌就很难被选购；这就跟两个陌生人之间很难达成交易或合作一样。

而熟人之间，却能直接交易、合作。为什么呢？很简单，因为彼此有所了解，互相信任。从某种意义上说，熟人之间已经彼此建立起了自己的个人品牌形象。

所以，我们买东西、做交易、谈合作，都是在选择品牌。

正因为如此，品牌势必越来越被重视，品牌也将受到极大的关注。商品如此，个人亦然。

2018年，我明显地感觉到，人们对打造个人品牌的热情与日俱增，关于个人品牌的文章、图书、课程、训练营更是如雨后春笋般冒出来。

所有现象的产生，都不是无缘无故的。这些现象的出现，其实跟社会变革有关。

我们知道，如今社会越来越多元化，也越来越包容。这就使得每个人可以释放自己的个性，从而产生更多元化的需求，个人品牌因此有了生存的土壤。自媒体的普及，又使得每个人都可以做自己喜欢的事，并因此成就自己。打造个人品牌，有了社会资源和环境。

还有一个原因是，如今社会竞争越来越激烈，导致每个领域内部的竞争越来越激烈，再加上AI的搅局，每个人都不可避免地卷入越来越激烈的竞争中。这样，个人品牌自然也就成了大家的竞争利器。

简单地说，在社会资源、环境和竞争的共同催化下，越来越多的人开始关注个人品牌，打造个人品牌。

/ 再小的个体，也有自己的品牌 /

尽管品牌时代已到来，但是讲到个人品牌，很多人还是会认为自己只是个普通人，个人品牌是自己高攀不上的东西。其实，正因为我们是普通人，才更需要打造个人品牌。这跟"没钱才创业，有钱还创什么业？"是一个道理。

事实上，正如微信创始人张小龙所说："再小的个体，也有自己的品牌。"在我看来，品牌没有有无之分，只有大小好坏之别。换句话说，品牌只有大品牌、小品牌，或者好品牌、烂品牌的区别。

也就是说，你的个人品牌原本就存在，只是你不自知罢了。

正如前文所说，我们之所以选择品牌，是因为信任。如果你能获得别人的信任，那么你就具备品牌基因，你就是一个品牌。

虽然，很多人觉得自己打造不了个人品牌，但都在工作和生活中进行着个人品牌运营。比如，找工作的时候，努力地向面试官展现自己的才能，希望他们认可自己；找男女朋友的时候，努力地展示自己的优点，希望对方能喜欢自己、选择自己。

这不就是个人品牌运营吗？

你以为个人品牌高不可攀，其实它已经存在，而且你已经在运营品牌了，只不过你的个人品牌还不为人所知。

要说打造个人品牌，无非就是让自己变得更好，让更多的人认识你、认可你、认准你。也就是把烂品牌优化成好品牌，把小品牌升级成大品牌。

/ 你的个人品牌价值千万 /

在今天这个多元化的社会，每个人都可以获得一部分人的认可，使自己成为一个小品牌。哪怕是在一个小领域里占据头部，都有巨大的价值。

被誉为"互联网预言家"的凯文·凯利（人们称他为KK），曾提出一个非常经典的理论——1000个铁杆粉丝理论。在KK看来，任何一个人，只要拥有1000个铁杆粉丝便足以养活自己。

其实，如果你有野心、有潜力，一样可以通过打造个人品牌来取得成功。

如果你在观察这个世界的变化，那么你可能就知道，如今的商业格局已经发生了巨大变化。这个时代，已经是个人大于公司，甚至是个人主宰行业的时代。也就是说公司与个人之间的势能已经互换，商业势能由原来的公司转移到个人身上，个人即品牌，公司和平台都沦为配角。

看看2021年"双11"的销售额就知道，李佳琦预售首日卖出215亿元。这是什么概念？有的人说相当于10个大卖场的业绩，有的人说相当于100万家门店的收入。总之，如今个人的势能超过了公司，已经是一个不争的事实。

在移动互联网的赋能下，个人的价值得到释放，并且被无限放大。这事谁也无法阻挡，因为马太效应不以个人的意志为转移。

马太效应只会让强者愈强、弱者愈弱。所以一旦你变强，马太效应就会让你越发强大，让小品牌以指数级增长，成为大品牌。这也就是为什么会在互联网上产生像李佳琦这样的超级网红。

尤其是在资本也开始垂青个人的时代背景下，个人有着无限可能。个人不仅有大的机会，而且个人价值也水涨船高，最典型的例子莫过于papi酱。当年，真格基金、罗辑思维、光源资本和星图资本都看好papi酱，就以估值3亿元的高价投资她。

所以你说在今天这个世界，你的个人品牌价值千万，还是什么夸张的事吗？显然不是。

说一千道一万，无非是希望你拿起自己的个人品牌，去为自己创造无限可能！无论在哪个领域，无论在线下还是线上，只要你能打造出个人品牌，都是价值千万。

目 录
CONTENTS

第一章 个人品牌始于策划

第一节 你别惊讶：人如商品？ /3
（一）受欢迎的商品都有它的卖点 /3
（二）受人喜欢的人都有他的魅力 /8
（三）人与商品，其实"卖点"基本相同 /12

第二节 自己的品牌要自己做主 /14
（一）个人品牌你打不打造，它都在他人的心中 /14
（二）与其被人贴标签，不如自己主动立标签 /18

第三节 千里之行，始于策划 /21
（一）"猪"也能飞起来，那是因为风大 /21
（二）火了，你可知道人家背后站着的是MCN /23
（三）我把策划烧脑的工作简单化，让你少死一点脑细胞 /24

第四节 品牌是一个符号系统 /27
（一）品牌的境界是成为一个符号 /27
（二）品牌不是以单一的符号存在 /28
（三）策划，就是让你的品牌成为超级符号 /32

第二章　个人品牌定位策划

第一节　为什么要给自己的个人品牌定位　　　　/ 37
　（一）打造个人品牌，没有定位是瞎忙　　　　/ 37
　（二）以终为始，才能高效到达目的地　　　　/ 41

第二节　定位策划，策划的是竞争力　　　　/ 44
　（一）你可能一直在定位误区里　　　　/ 44
　（二）定位是争夺用户心智的战争　　　　/ 45

第三节　个人品牌定位"金三角"，帮你策划出竞争力　　　　/ 49
　（一）优势定位，挖掘你身上最具潜力的优势　　　　/ 50
　（二）行业定位，找到高价值的心仪领域　　　　/ 55
　（三）心智定位，在受众心智中找到成为第一的位置　　　　/ 60

第三章　个人品牌标签策划

第一节　为什么观众都喜欢玛丽莲·梦露　　　　/ 71
　（一）没有无缘无故的爱　　　　/ 71
　（二）有人被她的价值所满足　　　　/ 72
　（三）有人被她的个性所征服　　　　/ 73

第二节　如何让更多粉丝喜欢自己　　　　/ 76
　（一）为什么多数人没能拥有充满魅力的个性标签　　　　/ 76
　（二）个性够清晰鲜明才有魅力　　　　/ 77
　（三）如何策划一个充满魅力的个性标签　　　　/ 79

第三节　标签的使命是传达个人品牌定位　　　　　　　　　/ 87
（一）策划是幕后工作，标签是台前展示　　　　　　　　　/ 88
（二）使命一：我是做什么的　　　　　　　　　　　　　　/ 90
（三）使命二：我做得有何不同　　　　　　　　　　　　　/ 90
（四）使命三：我做得怎么样　　　　　　　　　　　　　　/ 91
（五）使命四：我有何个性　　　　　　　　　　　　　　　/ 92

第四节　标签如何准确地表达出你的品牌定位　　　　　　　/ 94
（一）方法一：表达特性　　　　　　　　　　　　　　　　/ 95
（二）方法二：表达成果　　　　　　　　　　　　　　　　/ 95
（三）方法三：表达地位　　　　　　　　　　　　　　　　/ 96

第四章　个人品牌取名策划

第一节　一个好名字，成就你的个人品牌　　　　　　　　　/ 101
（一）名字的威力　　　　　　　　　　　　　　　　　　　/ 102
（二）品牌＝名字　　　　　　　　　　　　　　　　　　　/ 104
（三）名字＝成本　　　　　　　　　　　　　　　　　　　/ 105

第二节　真正的好名字是人如其名　　　　　　　　　　　　/ 107
（一）被记住才是根本　　　　　　　　　　　　　　　　　/ 107
（二）传统好名字只是基础　　　　　　　　　　　　　　　/ 108
（三）真正的好名字：人如其名　　　　　　　　　　　　　/ 109

第三节　个人品牌取名"三维法"　　　　　　　　　　　　/ 111
（一）外在维度：赤发鬼　　　　　　　　　　　　　　　　/ 113
（二）才能维度：小李飞刀　　　　　　　　　　　　　　　/ 116
（三）内在维度：及时雨宋江　　　　　　　　　　　　　　/ 117

第五章　个人品牌视觉锤策划

第一节　形象是你出圈的捷径　　　　　　　　　　　/ 123

　（一）第一印象始于视觉　　　　　　　　　　　/ 124

　（二）形象直接体现你是谁　　　　　　　　　　/ 126

第二节　什么是"视觉锤"　　　　　　　　　　　　/ 128

　（一）外在：视觉第一个触达地　　　　　　　　/ 130

　（二）识别：要让人一眼就认出你来　　　　　　/ 131

　（三）锚定：依然要锁定定位　　　　　　　　　/ 133

第三节　如何策划出让人过目不忘的视觉锤　　　　/ 136

　（一）方法一：用着装创造视觉锤　　　　　　　/ 136

　（二）方法二：用发型创造视觉锤　　　　　　　/ 140

　（三）方法三：用道具创造视觉锤　　　　　　　/ 141

　（四）如何让策划的视觉锤成为超级符号　　　　/ 143

第六章　个人品牌口号策划

第一节　你为什么还需要一个口号　　　　　　　　/ 147

　（一）在最短的时间内表达清楚自己　　　　　　/ 147

　（二）自媒体时代人人都在自我营销　　　　　　/ 149

　（三）群体无意识：口号的力量　　　　　　　　/ 150

第二节　口号不是叫卖，是影响力　　　　　　　　/ 152

　（一）广告的印象　　　　　　　　　　　　　　/ 152

　（二）避免成为令人厌烦的叫卖　　　　　　　　/ 154

　（三）用创意制造影响力　　　　　　　　　　　/ 155

第三节 如何写出有影响力的口号 /156

（一）方法一：用陈述句陈述让人心动的事实 /156

（二）方法二：用祈使句直接激发人行动 /158

（三）口号追求：让人轻松记住和随口使用 /159

第七章 个人品牌故事策划

第一节 故事的天然力量 /163

（一）爱听故事，是人的天性 /163

（二）信任，是故事的红利 /165

（三）传播，是故事的第二大红利 /167

第二节 故事策划不是瞎编，也不是添油加醋 /170

（一）故事策划的两大误区 /170

（二）结合实际取舍素材，才能策划出好故事 /173

（三）加工提炼，让故事更有力量 /176

第三节 讲适合自己的故事才有力量 /179

（一）愿景故事，用梦想打动粉丝 /180

（二）行动故事，用价值观赢得粉丝赞赏 /182

（三）成果故事，用结果获得粉丝认可 /185

第四节 三个公式，助你讲好自己的品牌故事 /188

（一）故事公式一：问题＋愿景 /188

（二）故事公式二：行为＋价值观 /190

（三）故事公式三：英雄之旅 /191

第八章　个人品牌信任状策划

第一节　为什么要策划信任状　　　　　　　　　　　／197

　（一）什么是信任状　　　　　　　　　　　　　　／198

　（二）所有的成交都是因为信任　　　　　　　　　／199

　（三）没有信任状的个人品牌，都是空中楼阁　　　／200

第二节　如何策划个人品牌信任状　　　　　　　　　／202

　（一）找路径：10个路径总有你能用上的　　　　／203

　（二）先筛选：选择即刻能用或短期能打造出来的路径　／209

　（三）陆续打造：在打造个人品牌过程中不断丰富信任状　／210

第三节　信任状与定位、标签　　　　　　　　　　　／212

　（一）定位是寻找空位　　　　　　　　　　　　　／212

　（二）信任状就是空位的填充物　　　　　　　　　／213

　（三）空位填得越满，标签就越亮眼　　　　　　　／215

后记　个人品牌是实力撑起来的　　　　　　　　　　／219

第一章

个人品牌
始于策划

CHAPTER 1

在这个只认品牌的时代，让自己成为优秀的品牌，是每个人都要为之努力的事情。

因为"再小的个体，也有自己的品牌"，而且拥有巨大的成长空间，从职场个人品牌到自媒体个人IP，一路发展过来有着无限可能。从这个角度看，打造个人品牌是普通人的理想事业。虽然前景如此美好，但它并不是一件自然而然就会发生的事。

所以，眼下你必须思考一个问题：打造个人品牌究竟如何操作？

我们知道，商品品牌需要一个由品牌策划、品牌营销、品牌管理构成的系统来打造。同样，个人品牌也需要通过这个系统来打造，所以要想打造个人品牌，得先给自己的个人品牌策划出一个雏形。

不过，在开始策划之前，我们首先应对个人品牌策划的相关问题有深刻的认知。有了这些认知，再上手策划就有依有据、有章有法，这样才有可能策划出价值千万的个人品牌。

第一节
你别惊讶：人如商品？

所谓个人品牌策划，总的来说，就是通过挖掘、提升个人的优势，让这个优势精准地对接市场需求，并采取相应的战略和战术提升竞争力，从而实现个人品牌优化升级，最后达到个人价值变现最大化。

这与商品品牌操作并没有太大差别。为什么这么说呢？主要是因为在商业社会，人越来越像一个商品。别惊讶，我们先来分析一下商品与人被"成交"的理由，看看是否果真如此。

（一）受欢迎的商品都有它的卖点

逛街的时候，你有没有过这样的经历？

本想买一个自己计划要买的东西，结果却买了另一个东西；或者本没想买东西，结果莫名其妙地下单购买了。好像不知道哪根筋被拨动，一瞬间就看上所买的那个商品。

相信很多人都有过这样的经历。现在，我们一起来分析一下，某一瞬间你就看上某个商品，是什么原因呢？

先不急着往下看，我希望你先花一分钟时间好好回顾一下自己的购物过程。这样做的好处是，你会更快地理解一个商品为什么受欢迎，能拨动你那根筋的卖点都是哪些。

可能是因为它好看、性价比高、口碑好等等。是的，当我们从各个维度看商品价值的时候，就会发现一个商品的卖点有功能、品质、体验、价格、外观、原料、产地、便捷、成分、科技、含量、情感、理念、象征意义等。当我们选购一个商品时，总是会被其中一些卖点所打动，无论是实用的，还是虚无缥缈的，都有可能拨动我们那根筋。

下面我们就来看几个具体例子。

品质卖点：张瑞敏怒砸不合格冰箱，"砸"出销量飙涨

今天，说起海尔这个品牌，很多人都不陌生。这还得归功于张瑞敏的一次壮举——怒砸不合格冰箱，"砸"出了销量飙涨，"砸"出了海尔这个品牌。之所以能"砸"出这样的效果，归根到底还是冰箱品质这个卖点打动了消费者。

20世纪80年代，对我们来说，还是物资匮乏的年代。在这样的时代背景下，工厂只要抓产量就能赚得盆满钵满，但张瑞敏在抓质量，而且无论什么时候，他始终坚持质量上的精益求精。

1985年，一个海尔客户来信，反映冰箱质量存在问题。张瑞敏得知此消息后，第一时间组织相关人员，对仓库里的冰箱进行了检查。结果发现其中有76台冰箱确实存在问题，于是张瑞敏当即决定砸掉这些不合格的冰箱，以此树立员工的质量意识。

但有的员工认为,这样砸掉太可惜,他们认为可以把这些冰箱低价卖给员工,毕竟自己人用不会嫌弃。还有的员工认为,在冰箱凭票供应的年代,把这76台不太好的冰箱处理给关系户,送个人情也比白白砸掉来得合算。

万万没想到,张瑞敏并没有因此动摇自己追求质量的理念。他还是决定当着全体员工的面,将76台问题冰箱当场砸掉。让员工记住,质量才是企业的生命。

张瑞敏砸冰箱事件得到了全民的关注。各路媒体纷纷报道,像是给海尔免费做了一次广告,让海尔赢得了一个非常好的名声,因此,海尔冰箱销量应势飙涨。

外观卖点:特斯拉Model X"鸥翼门"、刷屏朋友圈

一个商品,乍一看好像是功能、品质最重要,最能打动人,其实不然,商品的外观同样会"撩动"人。

有时候,我们总觉得自己在消费商品的功能、品质,但后来你会发现,更多的时候是在购买一个商品的外观。

几年前,特斯拉Model X在国内首次亮相时,它的"鸥翼门"可谓赚足了眼球。Model X的这种新潮设计成为网上热议的话题,各大平台都有这款车的身影,它更是在朋友圈刷屏。可见,特斯拉为Model X这款车设计的"鸥翼门"卖点有多受欢迎。

尽管"鸥翼门"设计初衷是为了坐车时进出便利,让用户上车落座的姿势从"钻"变成"坐",显得更优雅。但是没办法,"鸥翼门"徐徐开启的样子,看起来科技感十足,实在是吸

引人，已经让人们忘记了它的实用价值。

从中我们看到，对于Model X这样的大型SUV，实用性在消费者心目中反倒成了次要的，它的个性外观成为消费者心中最重要的特性。况且"鸥翼门"的确是该车显著的特点，每次打开车门都能为车主换来关注，这么一来使车主获得了满足感。所以，吸引消费者购买这款车的卖点变成：这款车够拉风。

这也恰恰能说明，为什么尽管特斯拉自燃事故频出，但消费者对Model X这款车的热情依然不减。

象征卖点：省吃俭用好几年，只为拥有一个象征身份的包包

如果你以为，只有像品质和外观这样看得见、摸得着的卖点才受人关注，那你就小看商品的卖点了。在商业世界里，商家通过创造出来的虚拟卖点，同样可以让消费者为此买单，并且乐此不疲。

奢侈品就是这样的商品。"独特""稀缺""昂贵"等说法，让奢侈品成为尊贵身份的象征，以满足那些对身份地位有需求的人。像豪车、豪宅、珠宝、奢侈品包包等，从某种意义上说，都是体现一个人身份地位的商品。

一些女生为买个奢侈品包包，省吃俭用几个月，甚至几年。有的人为此搞得面黄肌瘦，有的人为此闹分手……面对这样几近疯狂的消费行为，很多人认为这样做不值得。

对于在这方面有需求的人来说，好像这样做并没有什么不值得，因为拥有一个象征身份的包包，可以让自己变得自信，

甚至可以打破圈层。而对于在这方面没有需求的人来说，就会觉得这是愚蠢、虚荣的表现。

其实，没有所谓值不值得，只是各取所需而已。因为人的需求是多样的，有人在意品质，有人注重外观，有人追求炫耀……根据马斯洛需求理论，我们就会知道，人的需求是多元化的。概括起来，既有物质性价值需求，也有精神性价值需求（图1-1）。

图1-1　马斯洛需求理论

既然人有这么多的需求，就要有相应的东西来满足。如前文我们提到的商品各个维度的价值，它每个维度的价值都能满足一部分人的需求。

所以说，一个受欢迎的商品，一定有它的卖点。没有人会浪费钱去消费一个不能满足自己需求的商品。

（二）受人喜欢的人都有他的魅力

接下来我们再来回顾一下，你为什么喜欢跟一些人交往、合作；然后再分析一下，人们都喜欢什么样的人。

我相信你会想出很多理由，比如漂亮、能干、善良、靠谱、温柔、勇敢、自信、幽默、身份等等。这些我们通常把它们叫作个人优点，换句话说，其实就是一个人的魅力。

正是这种魅力，使人与人之间产生了好感。因为彼此喜欢、认同，于是就有了交往、合作的产生。之所以喜欢、认同，其实说得通俗点，就是因为这种魅力能带来"利益"，或是物质层面的，或是精神层面的。

所以，那些所谓漂亮、能干、善良、靠谱、温柔、勇敢、自信、幽默、身份等等，优点也好，魅力也罢，直白一点说，其实就是人身上的一个个"卖点"。我们喜欢一个人时，一定是被他身上的某个"卖点"——魅力所打动。

外表魅力：花魁银睿姬出场，所有人垂涎三尺

说到人的魅力，不得不说一个人的外表魅力。当然，外表包括容貌、体态、服饰、举止等。美丽的容貌、优雅的体态、精致的服饰、高雅的举止，都会散发出巨大的魅力，令人难以抵抗。

电影《狄仁杰之神都龙王》中，在花魁银睿姬出场的那一刻，仿佛时间都停滞了一般。银幕中，银睿姬身着红色披帛，手握琵琶，眼神妖媚，坐在花车上，慢慢地从众人面前飘过……

不论男女老少，都停止了自己手头上的事情，所有人都望向银睿姬，双眼迷离、嘴巴微张、垂涎三尺的神态尽显无余。就连一本正经的狄仁杰，此刻也没有脱俗，跟大家一样，驻足欣赏银睿姬的美貌。

银幕外的观众看到这一幕，可能同样是大气不出，两眼发直，使劲感受着电影里渲染的气氛。

在这个不到1分钟的电影镜头里，花魁银睿姬的外表魅力被展现得淋漓尽致，几乎征服了所有观众。

其实，人们不仅欣赏容貌美丽的人，对体态优雅、服饰精致、举止高雅的人，一样喜欢。如果你衣冠不整、举止粗鲁、不修边幅、邋里邋遢，就很容易遭人嫌弃。

杨澜大家都比较熟悉，她给人的一贯印象都是知性、精致、优雅，深受观众喜欢。但她在英国找工作时，曾有过被主考官直接赶出去的尴尬境遇，就是因为穿着随便。

也许你会觉得主考官势利眼，以貌取人，但这是人性使然，谁也改变不了。你说势利眼也好，狗眼看人低也罢，大家就是喜欢外表光鲜亮丽的人，过去这样，现在这样，未来还是这样。

才能魅力：诸葛亮足智多谋，让刘备三顾茅庐

当然，不仅光鲜亮丽的外表令人难以抵抗，才能同样让人膜拜。刘备三顾茅庐，就是被诸葛亮的才能魅力所吸引。

三顾茅庐的故事，大家都很熟悉。汉朝宗室后裔刘备，在东汉衰败后，一心想匡扶汉室，为了成就此功业，四处留心寻访人才。

有人告诉刘备，在卧龙岗有位杰出的人才，叫诸葛亮，他学识渊博，足智多谋，如果能得到诸葛亮的辅佐，定能成就功业。于是刘备决定邀请诸葛亮出山，在张飞、关羽的陪同下，亲自前往隆中请诸葛亮。

第一次，他们来到诸葛亮居住的茅草屋，不料诸葛亮不在，侍童说他可能要过十天半月才能回来，刘备听后只好失望地离开。

过了不久，刘备得知诸葛亮已经回家，连忙带上关、张二人冒雪再往隆中拜访。见那名侍童正在院子里扫雪，刘备便问："诸葛先生在家吗？"

"在！"侍童点点头说，"先生正在看书。"

刘备大喜，忙随侍童进入草堂，不料侍童口中的先生，却是诸葛亮的弟弟诸葛均。诸葛均说，家兄有要事出门了，要过几天才能回来。刘备听后深感无奈，只好给诸葛亮留了封信，便离开了。

没过几天，刘备又准备去拜访诸葛亮。可关羽和张飞都认为已经去过两次，诸葛亮要是明事理，应该回拜，劝刘备不要再去了。刘备却说："我无权无势，诸葛亮如能看在我诚意的份上，出山与我们共事，那就是我的造化了，我们应该再去！"

三人再次来到隆中，不料诸葛亮正在午睡。刘备不敢打扰他，便站在一旁耐心地等待。过了好久，只见诸葛亮伸着懒腰醒来，刘备连忙上前说明来意。诸葛亮终于被刘备的诚意深深感动，于是决定出山辅佐刘备。

靠谱魅力：罗永浩因诚实，获得朋友爽快投资

当年，罗永浩离开新东方，几经折腾后，最终打算拉一笔投资，在北京办一个培训机构。但他不擅长跟资本市场打交道，所以这事搞得他非常头疼。

有一天，他突然接到一个电话，是一个十多年前的老朋友，约他出来吃个饭。

饭桌上，这位朋友得知罗永浩正忙着办一个培训机构，因为没拉到投资头疼。朋友问："需要多少钱？"他说："几百万。"结果朋友直接向他要了银行账号，第二天就打了几百万到他账上。

罗永浩很奇怪，他说："当年虽然咱们是好朋友，但是十几年不联系了，吃了一顿饭就给我投资这么多钱，你怎么这么放心呢？"

然后，这位朋友就回忆了他们小时候交换录像带的事，他说："当年跟我换录像带看的所有朋友里，你是唯一一个从来不把长的转成短的来骗我的。"

罗永浩做梦都没想到，资金问题就这么解决了，连他自己都笑言："你知道什么叫人格魅力？就是这样。"

由此可见，一个受人喜欢的人，一定有他的过人之处，也就是所谓的魅力，或者说"卖点"，不是外表，就是才能、品格

之类的。没有人会无缘无故地喜欢一个人。

（三）人与商品，其实"卖点"基本相同

通过这些例子，你会发现人就像商品，受人欢迎、喜欢，都因为有卖点。换句话说，都得有价值，也就是"卖点"，才能被"成交"。而且被"成交"的理由相似，换句话说，"卖点"基本相同。

二者"卖点"几乎都能对应得上。比如，商品外观——人的外表；商品功能——人的才能；商品价格——人的酬劳；品牌象征——人的身份；品牌调性——人的个性；等等。

所以，人如商品并非无稽之谈。尤其是这几年，品牌在人格化，个人在品牌化，更是证明了"人如商品"这个观点。

那么，我们分析人与商品被"成交"的理由，以及它们的"卖点"，得到一个"人如商品"的结论，有何意义呢？

一个意义在于：明白在商业社会中人跟商品一样都在"卖"，一定要主动去"卖"，并且要有自己的"卖点"；明白一个人的"卖点"跟商品一样具有多维性，有着多种开发的可能；明白要想把自己价值的变现最大化，需要向商品学习如何"卖"。

因为说白了，打造个人品牌，就是把自己高度商业化。要想把自己价值的变现最大化，我们就需要借鉴商业知识理论，来指导自己如何更好地"卖"自己。换句话说，在策划个人品牌时必须依据商业逻辑来构思。

另一个意义在于：在没有商业经验的背景下，我们也可以从消费者角度去体会商业智慧，以及在与人打交道的过程中领悟商业思维。这样，便于让你快速地对商业有一定的认知，进入经营自己的状态。

如此，在接下来的个人品牌策划环节，你才能更好地理解和掌握。

简单地说，在打造个人品牌的时候，我们一方面要汲取商业知识，另一方面也要调用生活智慧。二者结合，才能更好地把握个人与商品在品牌化上的一些微妙区别。

第二节
自己的品牌要自己做主

说到打造个人品牌，经常会遇到两种人：一种人认为自己打造不了个人品牌；另一种人说干就干，随便就动手了，倒是麻利。

前者心态消极，后者盲目行动。在如今社会竞争的背景下，如此对待个人品牌都不可取。为什么呢？

本节先来讨论个人品牌打造的心态问题，下一节再来讨论个人品牌打造的行动问题。

（一）个人品牌你打不打造，它都在他人的心中

说到品牌，大多数人默认的所谓品牌，就是那些知名的大品牌。比如手机，大家就觉得苹果、华为、小米、OPPO、vivo等才是品牌。言外之意就是，其他不知名手机不是品牌，或者没有品牌。

这样简单粗暴地把市面上的商品分为有品牌和无品牌，其实是对品牌的误解。在我看来，任何在市面上流通的商品，它原本就已经有品牌。就像一个人从生下来开始，是男是女，父

母是谁……这些属性都已经客观存在了,我们不会因为他不是名人就认为他不存在,是吧?

我们在前言中讲过:品牌没有有无之分,只有大小好坏之别。换句话说,品牌只有大品牌、小品牌,或者好品牌、烂品牌的区别。这样的认知,对于企业经营者和个人来说都非常重要。因为你知道了,个人品牌不管你打不打造,它都已经存在于他人的心中。

只是你的个人品牌在他人心中,以不同方式存在罢了。要么"被动存在",要么"主动存在"。

"被动存在",就是你自己无意识塑造自己的个人品牌,但是别人已经认定你的品牌形象,并为你贴上标签。

"主动存在"就是你自己有意识塑造自己的个人品牌,主动引导别人对你的认知,希望立起自己想要的标签。

可遗憾的是,我们多数人的个人品牌,在他人心中可能都是"被动存在"的。如果你稍微留意一下,就会发现人们的眼光总是这样:

要是看到衣着朴素、不修边幅的人,就认为是穷人;而见到西装革履、光鲜亮丽的人,就认为是有钱人。

要是在洗手间撞到留着长发的男生,就会用异样的眼光对他上下打量一番,而见到中性打扮的女生,就会想这人是男的还是女的。

要是你刚好歇息一下,就被老板撞上,他随口就来一句:"你就是这样工作的吗?这里不养闲人。"这时候你心里是不是想骂娘，我累成狗的时候你怎么没看到？

像这样的误解和乱贴标签，是常有的事。一个好人经常被误解为坏人，而一个坏人却偏偏被认为是好人，也不足为奇。

现实就是这样，你本来是个什么样的人，可有时候别人偏偏就看不出来；又或者，你想成为一个什么样的人，可任你怎么努力，就是成不了。是不是很可笑、很无奈、很抓狂？

为什么会这样呢？

一言以蔽之，一个人的形象是在他人眼里，由他人的认知形成的。而且这个认知，往往是他人说了算，你觉得开心也好，冤枉也罢，他们只会通过自己所见到的形象、言行等，来判断你是什么样的人，然后在心里默默地给你贴上一个标签。这个标签，从某种意义上来说就是你的个人品牌。

如此，你的个人品牌就"被动存在"了。

因为什么样的人是什么人，什么人是什么样的，人们早已有自己的认知，像约定俗成似的。所以，不管你有没有打造自己的品牌，它都存在于他人的心中！

只是你的个人品牌这样"被动存在"，总归是被动。给你贴的是正面标签倒还好，要是负面标签就比较麻烦了。

沈巍就是活生生的例子。他两次被人贴上标签，使得他的命运发生了颠覆性的改变。用"人生如戏"来形容沈巍再合适不过了，他的人生剧情反转比电影还精彩。

流浪汉被贴标签，成了大师

2019年3月，本来流浪得好好的沈巍，被人偷拍了视频传到网上,瞬间火了起来,成了"流浪大师"。

一夜之间,在他流浪的地方,引来了数百人围观。他一招手就会引起轰动效应,所有人冲着他喊"沈大师"。尽管他穿着从未洗过的衣服,蓬头垢面,依然有漂亮的小姐姐围在他身边,摆各种pose跟他合影;有的小姐姐还暗示沈巍,自己已经离婚,想跟他结婚;甚至还有几个直接在自己的胸前挂上要嫁给他的牌子。

当时,他被央视《新闻周刊》报道,被凤凰新闻专访,可谓轰动一时!

一个安安静静流浪的人,瞬间被推到世人面前,成了一个网红。就这样,52岁的沈巍沐浴更衣、理发剃须、改头换面,结束了自己26年的流浪生活,走上大师的道路。

一个人,一旦被贴上标签,说你是谁,你就是谁!

一个流浪汉因为爱读书,满腹经纶的样子,就被人贴上一个"流浪大师"的标签,他的命运就此发生了巨大反转。

就连沈巍自己都感叹:"网络太伟大了,否则无人关注我、认同我。我曾在直播间开玩笑,人家供菩萨,我供全国网友,是你们带给我一切,我得给你们烧几炷高香。"

这感叹何尝不是感谢中带着无奈——我命由你不由我!

正常人被贴标签,成神经病

可23年前,沈巍同样被别人贴上标签,但就不是今天这么幸运了,等待他的却是流浪之路。

沈巍大学毕业后,进入审计局工作。进单位的第一天,他走进卫生间，发现垃圾桶里扔了很多纸。他觉得可惜，有用的东西不该这样被浪费，于是他就捡了起来。

从此以后，只要在办公大楼一天，他就会去捡那些有用的东西，比如报纸或者只印了一面的纸……这样持续了几年。突然有一天，有人投诉他在单位捡垃圾，同事们都认为他脑子有问题，才这么喜欢捡垃圾。

就这样，沈巍在单位被人贴上了神经病的标签。

一个人都成神经病了，哪还有办法在单位待下去。于是领导主动找到他，给他办了病退。可以想象那个时候的沈巍有多无奈：我哪有什么病，哪里是什么神经病！但就是没人相信，硬生生地把他逼上流浪之路。

你看，一个人要是被人贴上标签，有多可怕！一个正常人，因为节俭去捡垃圾，就被别人当成了神经病；一个流浪汉，因为喜欢读书，出口成章，就成了"流浪大师"。

两次的人生反转，估计都让沈巍哭笑不得。可是，在别人眼里他就是"这样"的人。

（二）与其被人贴标签，不如自己主动立标签

相信从沈巍的经历中，你可以领略到什么叫人言可畏！但是，你也别责怪别人，因为你我皆如此。与其花时间责怪别人，不如好好想想怎么掌控自己的命运。

既然别人通过你的形象、言行等，来判断你是什么样的人，那么，你是不是也可以通过自己的形象、言行等，来塑造自己

想要的标签呢？

答案是肯定的！

一个人与其被别人贴标签，不如自己主动立起自己想要的标签——我的个人品牌，我说了算！这种让自己的个人品牌"主动存在"的做法，也就是所谓的打造个人品牌。

李嘉诚的次子、盈科拓展集团主席李泽楷就深谙此道。

李泽楷为了让自己看上去像个领导，就在电讯盈科公司里任命了四位副总裁，专门负责自己的个人形象问题。他在什么场合穿什么衣服等细节都被严格设计。

不仅如此，他想要展现自己能够结交到上层人士的形象，就在家中的餐厅挂满了与政界要人的合影，比如，与新加坡前总理李光耀和英国前首相撒切尔夫人的合影等。

为了提升自己在国际商界的形象，李泽楷出席世界经济论坛，就与微软的创始人比尔·盖茨、索尼的前董事长出井伸之这些杰出的管理者在一个小组，讨论相关问题。

有时候，为了让自己看起来像个很有魅力的大男孩，李泽楷会一改平日的装扮，脱下保守的职业西装，换上有着硅谷风格的休闲装，而且开始用背包来装各种商业文件。

而每到演讲前，他都会先在汽车里打好领带，穿上夹克衫。对此，他解释说："今天我必须穿得像个成年人才行。"

所有这些，都是李泽楷主动为自己立标签的手段。

说起李泽楷，我们都知道，他是李嘉诚的儿子。但如果他不主动立标签，打造自己的个人品牌，那么，别人很可能只会给他贴上"李嘉诚儿子"的标签,而他则会失去自己想要的标签。

不管你是名人还是普通人,如果你不努力给自己立标签,别人就会给你贴上他们以为的标签。

不过,并不是你希望自己是什么样,你就一直是什么样。所以,我们要想不被人贴标签,不仅要主动给自己立标签,还要不停地强化自己的标签。就算你是个大人物,也是如此。

就拿李泽楷来说,生在豪门,他的个人知名度已经很高了,但他不仅主动给自己立标签,还不断地从各方面打造它。因为他知道,要是不这么做,就保持不了自己的个人品牌。

这就是为什么像可口可乐这样的国际大品牌,也害怕只要一天不做广告,别人就会忘了可口可乐是什么!

如今,每天都有大量的企业不断地向消费者传递信息。如果你不传播强化自己所经营的品牌的信息,那么,消费者很可能就会忘了这个品牌的存在。曝光效应告诉我们,人们倾向于被熟悉的事物吸引,熟悉度越高,他们就越喜欢。

所以,自己的品牌要自己做主。不仅要主动给自己立标签,还要不断地强化它,因为只有这样,你才能真正地成为自己品牌的主人,立起自己想要的标签。

第三节
千里之行,始于策划

近些年来,越来越多的人快速崛起,以不同的方式进入人们的视野。他们的个人影响力与日俱增,同时,个人品牌价值也随之水涨船高。

在这种氛围的影响下,很多人也纷纷加入个体崛起的队伍,想要打造自己的个人品牌,于是,说干就干,并没有做太多的策划工作便上路了。这些人的行动力确实很强,但这样的行动是不是有些草率或盲目呢?

事实上,打造个人品牌不是你有意愿就可以的,而是需要一番精心的策划。就算你歪打正着,中途也要补上策划这堂课,来精进你的个人品牌。

如果你不以为然,那是你还不了解这些个人品牌之所以能快速崛起背后的原因。

(一)"猪"也能飞起来,那是因为风大

雷军有一句名言:站在风口上,猪也能飞起来。如果你在现实中体验过,你就会知道,站在风口上,借助风的推动力,

你不用太用力，就能被吹起来。

事实就是这样。《个体崛起》这本书里，有段话这样说："每一个时代，都成全一批人。也就是说每一个风口到来时，都会让一批人'飞起来'。"

第一批被成全的人是胆大的人，例如，20世纪90年代去深圳开发房地产的，如今大多身价不菲了；2004年开淘宝店坚持下来的，不少人的年销售额也能轻松过千万了；2005年开始炒房的，如今不乏固定资产数亿的；2007年开始炒股的，大部分都是坐着赚钱……

第二批被成全的人是嗅觉灵敏的人，例如，2010年玩微博的，现在很多都成了大V；2012年开始四处转帖做公众号的，如今大多融资成功了；2014年做微商的，很多都成了网红；2015年开滴滴的，动不动就月入几万；2016年做直播的人，即使是农村的也有不少人红了……

其中有两个风口我曾亲历过。一个是2005年的地产风口，另一个是2007年的股市风口。这两次经历让我真正体验了一把，什么叫站在风口上，猪也能飞起来。

这两次经历中，在没有花太大力气的情况下就能有所收获。在我看来，真的不是自己本事大的结果。而是跟大多数人一样，仅仅是凑热闹，是一种无意识的行为而已。

有时候其实就是无心插柳柳成荫。虽然有些人，为了显示自己本事大，故意隐瞒成功背后的运气成分，但是那些真正成功的人，从来都是说自己运气好，马云是这样，雷军也是这样。

因为他们知道个人的能力是渺小的，风口才是造就他们成功的巨大力量。

当然，这些大佬们更多的时候是有意识地站在风口上，希望自己能做那只站在风口上的猪。比如雷军，为了实现自己的创业梦想，他在创立小米之前，一直都在默默地寻找一个风口。最后，他花了三年时间，找到了智能手机兴起的风口，借助这一风口，小米取得了巨大成功。

总之，一个人能快速崛起，主要是因为站在风口上。被动的也好，主动的也罢，站在风口上都是一个重要的原因。

（二）火了，你可知道人家背后站着的是MCN

2022上半年，一波疫情袭击上海，在上海家中隔离的刘畊宏，在直播间带领全民健身燃脂，短短几天涨粉一千多万，创造了短视频平台涨粉最快的纪录。年近50岁的刘畊宏，突然火了。

有人心生羡慕，也有人感叹自己怎么就不能火。说到底，大家以为那些火起来的人都是原生态网红，以为别人随随便便就火了。

说实在的，除了在风口期或者行业粗放型发展阶段，偶然成就一些原生态幸运儿以外，其他时间，在原生态的情况下，走红都是小概率事件。多数火的人，背后都站着MCN机构（指多频道网络机构，是一种专门为网络视频创作者提供服务的机构）。比如刘畊宏，他的背后就有MCN机构——无忧传媒。

《2019中国MCN行业发展研究白皮书》的数据显示，90%以上头部红人来自MCN机构。可以说MCN机构孵化出的网红，几乎涵盖各个领域。我们以为的原生态网红，比如各种吃播主播、房车主播、户外赶海主播、徒步旅行主播等等，其实背后都有MCN机构的身影。

MCN机构，简单地说就是网红孵化器，通过对有潜质的对象进行策划定位、制定推广策略、确定传播平台等，来实现盈利。

我们知道，明星之所以能成为明星，是因为有经纪公司策划包装。其实，网红也一样，他们能走红，能成为知名品牌，都有幕后推手。所以，个人要想打造出自己的品牌，同样需要策划。只有通过策划，你才能提高成为优秀品牌的概率。

李子柒刚火起来那阵子，网友一直纠结于她背后有没有团队。后来大家都知道，李子柒刚开始的时候确实靠自己一个人，后期就引入了微念这个MCN机构，开启了团队作战模式。虽然李子柒个人能力不俗，但如果没有MCN机构的加持，想变成世界级网红，恐怕难度也不小。

总之，一个人火起来，他背后可能站着MCN机构。在机构的助力下，他才被推到行业的头部。

（三）我把策划烧脑的工作简单化，让你少死一点脑细胞

当我们寻找那些成功背后的原因，就会发现，一个人能从芸芸众生中脱颖而出，可能一部分原因是借助风口的力量，一

部分原因是精心策划的结果，还可能是其他原因，又或者是这些原因兼而有之。

总之，那些个人影响力与日俱增的人，并不是随随便便上路就能快速崛起；也不是随随便便在网上发点内容就能火起来。除非你有运气，风口就是偏爱你，在不知不觉中，把你吹起来。

有了这些认知，我们构思自己该如何打造个人品牌的时候，就不会草率或盲目地行动。哪怕是借助风口，聪明的人也是有意而为之。像雷军这种有意识地站在风口上，其实也是小米成功前策划的一部分。

一个人要想打造出个人品牌，草率或盲目地行动，成功的概率极低。所以，要想提高打造个人品牌的成功率，少不了策划，也就是从策划开始打造你的个人品牌。

这是你打造个人品牌千里之行的第一步。

尤其是随着风口被越来越多的人察觉到，更多的人加入竞争，一片蓝海，也会变成红海。你要想杀出重围，脱颖而出，难度在不断地加大，需要你具备战略能力和更多的品牌战术。

在这个时候你就需要具备个人品牌策划能力，这样才有办法在激烈的竞争中自如驰骋，做到兵来将挡，水来土掩。

那问题来了。

像策划这么难的事情，如何上手呢？很多人都会有这种担忧。

说实话，策划确实是一件很烧脑的事情。不仅要有大局观，还要有敏锐的洞察力。不仅如此，有时候一个好的策划，它的创意还得倚仗灵感，或者进行头脑风暴……总之，这事的确不容易。

不过，有句话说得好，办法总比问题多。我把策划这件烧脑的工作简单化，帮助你在较短的时间内，拥有个人品牌策划能力。这也就是本书存在的意义。

简单化，一方面是尽力做到通俗化；另一方面是把"烧脑"那部分工作程式化，也就是让它变成模型、工具。通俗化让你看得懂、程式化让你能操作。这样，你在给自己做策划的时候，就会少死很多脑细胞。

这些模型、工具，将出现在各个章节中，如果你着急，或者对个人品牌有一定的认知，那么可以先看相应的章节。

不过，想要系统地学习个人品牌策划，最好跟着我的节奏继续往下读。

第四节
品牌是一个符号系统

现在,我们知道了为什么要打造个人品牌,打造个人品牌要从策划开始。那么,接下来就要弄明白品牌是什么,个人品牌策划的意图和具体内容又是什么。这也是本书的核心内容。

简单地说,品牌就是一个符号;个人品牌策划的意图,就是让自己在领域里成为一个符号;个人品牌策划的具体内容,就是策划一个符号系统。

(一)品牌的境界是成为一个符号

《超级符号就是超级创意》这本书中讲道:"如果人类不曾发明'品牌'这个词,用'符号'来表述'品牌'的含义,或许更准确些。"品牌要么始于符号,要么成为符号,通常两者都是。

其实,《符号战略:策略制胜的品牌顶层设计》这本书同样认为,品牌从本质上讲就是一个符号。它是一个产品或人在消费者心智中慢慢形成的一个固定认知,这个固定认知就是品牌符号。

比如，肯德基的logo"微笑的老爷爷"、苹果公司的logo"被咬掉一口的苹果"、奔驰的标志"三叉星"。

又比如，麦当劳传达的"欢乐美食"的理念、耐克传达出的"体育精神"、可口可乐传达出的"乐观主义"。

再比如，迈克尔·杰克逊——"流行之王"、迈克尔·乔丹——NBA巨星、史泰龙扮演的"美国英雄"、哈利·波特的"现代魔幻"。

这些超级企业品牌和个人品牌，几乎都形成了一个个符号，一个个超级品牌符号，甚至是一个个时代符号，一直影响着人们的生活。所以，品牌的境界就是成为一个符号。对企业家来说，让自己的企业品牌成为一个符号，显然是企业的终极追求。

对我们个人来说，打造个人品牌，同样是追求使自己成为所在领域里的一个符号。成为一个符号，也正是我们个人品牌策划的意图。

（二）品牌不是以单一的符号存在

说到品牌符号，很多人以为就是品牌的logo（标志）。其实品牌不是以单一的符号存在的，它是由一个符号系统共同构成的。

《超级符号就是超级创意》一书的作者在书中这样写道："我们要建立一个品牌"如果表述为"我们要建立一个符号系统"，对我们的工作会更具有指导性。

也就是说，如果建立品牌就是建立一个符号系统，那么就会变得更加具体和可操作。进一步说就是：建立品牌，是在建立一个符号系统，要打造哪些符号，每个符号都要实现什么目的，都变得清晰明确。这样，我们的品牌打造工作就有章可循，可以从一个个符号入手，有计划、有步骤地进行。

我们知道品牌就是一个符号，一个符号系统。

其实这个符号系统也就是CI。CI是企业形象识别系统，它由MI（理念识别）、BI（行为识别）、VI（视觉识别）三个子系统组成，也有人把HI（听觉识别）系统纳入其中。

MI（理念识别）主要包括企业市场定位、企业价值观、企业文化、经营理念等；BI（行为识别）主要包括对内的组织制度、管理规范、行为规范等；VI（视觉识别）主要包括品牌标志（logo）、标准字体、标准颜色等。

企业通过这些识别系统，最终慢慢地塑造出一个企业的品牌符号。我们来看看可口可乐的品牌符号，是通过怎样的CI系统塑造而成的。

MI（理念识别）

可口可乐公司的经营理念包括：持续提高产品质量，重视提升工作效率，不断完善营销网络，重视培训专业人才；让全球人的身体、思想和精神更加愉悦，让品牌与行为不断激励人们保持乐观向上，让所触及的一切更加有价值。

BI（行为识别）

可口可乐公司员工行为规定：以客户为重；善于倾听；克服异议、难题和投诉；保持和提高自信心；令满腔愤怒的顾客平复心情,回心转意。

VI(视觉识别)

可口可乐标志,采用红色作为底色,加上独特的斯宾塞体白色字母,并用富有韵律的银白波浪条图案衬托,从外观上看,简洁、干净、独特,在炎炎夏日,给人以凉爽的感觉(图1-2)。

图1-2 可口可乐标志

可口可乐以此特有的表现方式,塑造出个性化的品牌视觉识别符号。

HI(听觉识别)

可口可乐公司用HI辅助VI,将听觉刺激与视觉冲击结合起来,加强对人感官系统的刺激,让人更深刻地记忆可口可乐品牌的VI。比如,用消费者熟知并喜爱的明星来代言,让明星说出可口可乐的广告语,将观众对明星的喜爱转化为对可口可乐的关注与喜爱。

当然,可口可乐的广告歌曲,同样是通过传达激情与活力,来迎合并吸引年轻消费者的。

综上所述,我们也可以把CI这个符号系统,理解为品牌定位符号、品牌行为符号、品牌视觉符号和品牌语言符号。通过这些符号向消费者传递品牌的独特信息,来共同塑造一个品牌符号。

基于"人如商品"的认识,我们同样可以用这个符号系统来打造个人品牌,并根据个人与商品在品牌化上的一些微妙区别,提炼出一个适合个人品牌的符号系统(图1-3)。

图 1-3　个人品牌策划模型

个人品牌策划模型形似葵花,因此我称它为个人品牌策划"葵花宝典"。它是由定位符号、标签符号、名字符号、视觉锤/视觉符号、口号符号、故事符号和信任状符号构成的个人品牌符号系统。这一符号系统,就是我们个人品牌策划的具体内容。

其中,定位符号就是品牌符号,是你个人品牌的核心符号。它是打造个人品牌终极追求的那个符号(让自己在某一领域成为一个符号);它体现个人品牌的核心价值和竞争力,是个人品牌的战略所在。所以,定位符号也可以叫作战略符号,它体现在你的标签上,变成标签符号。

名字符号、视觉锤符号、口号符号、故事符号和信任状符号等，则是你个人品牌的子符号，也就是你的行为符号、视觉符号和语言符号。它们是你个人品牌传播、塑造的关键要素，或者说是战术，所以，这些子符号也可以叫作战术符号。它们都为定位服务。

定位通过标签、名字、视觉锤、口号、故事、信任状展示出来，同时这些符号又反过来不断地强化定位。也就是说，最终定位符号在行为符号、视觉符号和语言符号的共同作用下，形成的你个人品牌符号。

劳拉·里斯在《视觉锤》一书中谈道："语言是钉子，视觉是锤子，将语言钉入消费者心智中的工具是视觉锤，视觉最有力，钉子最重要。"

对于个人品牌打造而言，行为更是把大锤。正所谓我们看一个人，不是听他怎么说，而是看他怎么做。所以，"怎么做"是我们打造个人品牌过程中重中之重的工作。

（三）策划，就是让你的品牌成为超级符号

如果品牌是一个符号，一个符号系统，那么，策划就是让你的个人品牌成为超级符号。

什么是超级符号？

简单地说，就是让你的受众快速认识你、认可你、认准你。更直白一点说，就是在你出现的时候，你身上的某个点能快速吸引别人，让别人在短时间内了解你，对你感兴趣，并且愿意

关注你。当他们对你有了进一步的认识后，便会认可你。最后，当他们有相应的需求时，就会认准你的产品或服务，跟你成交或者合作。

这个"身上的某个点"，它可能是你的定位符号，也可能是你的标签符号、名字符号……在短时间内连通了受众的心智，开启了你们之间的连接。只有连接上，一切才皆有可能！

就拿我的名字"非病猫"来说，每次自我介绍的时候，很多人就会觉得这个名字很特别。其实，这个时候，我的名字，就发挥了超级符号的功能——快速吸引人。

所以，当我们在做个人品牌策划的时候，要让自己品牌符号系统中的每一个符号都能快速吸引人，直到受众认识你、认可你、认准你。比如：

定位符号，让人快速知道你在领域里与众不同；

标签符号，让人快速接收到你所要传递的价值信息；

名字符号，让人一听、一看就能快速记住你的名字；

视觉锤/视觉符号，让人在一众人中一眼就认出你来；

口号符号，让人一听就想行动——跟你成交、合作；

故事符号，让人愿意听你的故事、传播你的故事；

信任状符号，让人一听、一看就认可你。

看到这里，相信你已经迫切地希望给自己的个人品牌策划一个超级符号了。接下来我们就逐章展开，详细讲解个人品牌策划模型里的各个符号策划。

第二章
个人品牌定位策划

CHAPTER 2

前面我们说到，定位符号就是品牌符号，它体现你个人品牌的核心价值和竞争力，是你个人品牌的战略所在。所以，定位策划自然是个人品牌策划第一项要做的工作。

定位策划，简单地说，就是为自己寻找一个位置，并且最终有机会把它打造成个人品牌符号——定位符号，让人快速知道你在领域里与众不同。然后，通过这个符号快速影响你的受众/粉丝，从而达到你价值变现最大化的商业目的。

当然，要达到这个目标绝非易事。可以说，定位策划是整个个人品牌策划工作中最难的部分。

那该怎么办呢？

不用担心，你只要跟着我的思路，一步一步走下来，就能轻松地做好自己的个人品牌定位策划。

第一节
为什么要给自己的个人品牌定位

无论做什么事，要实现自己的目标，一定要先找到实现这个目标的路径。只有找到这个路径，然后步步为营，最后才能到达自己的目的地。

打造个人品牌同样如此，首先要找到实现个人品牌的路径，不然一开始就会走错路。

（一）打造个人品牌，没有定位是瞎忙

商业世界瞬息万变，每一步错误的决策，都有可能付出巨大的代价。因此，我们个人品牌策划的第一步就是做好定位。有了准确的定位，就如开车设置好了导航，你就能清楚地知道自己要到达的目的地和路线，接下来只要握好方向盘，用适当的速度行驶，若干时间后即可到达目的地。

所以，如果你想打造自己的个人品牌，一定不能绕过定位这个环节。否则，你很可能会瞎忙一通。先不说你会浪费多少时间、精力和资源，关键是你可能会因此错失良机。

可现实中，很多人就是在瞎忙。

多年前，我和朋友一起去考察海底捞，被一个冰火两重天的场景震撼到了。

海底捞客满为患，服务员都已经来不及接待，但还是不断有客人进来。而一家与它只有一墙之隔的餐饮店却门可罗雀，服务员和厨师都坐在店门口，剪指甲的剪指甲，发呆的发呆。

为什么一家店的生意会如此火爆，而另一家店的生意却如此冷清呢？相信很多人也会跟我一样，不自觉地产生这样的疑问。

没错，海底捞能如此火爆，是因为菜品和服务受到了大家的认可。但与它只有一墙之隔的那家餐饮店，菜品和服务未必差到让你不敢走进去的地步，为什么生意会这么差呢？

客观地说，有时候生意冷清，未必都是产品和服务不如人。可在商业世界里，这种现象很普遍。比如，有的产品持续热销成了爆款；有的人快速涨粉成了网红、大V，而他们的友商却无人问津，然后渐渐地消失。

那是什么原因造成这种两极分化的呢？

简单地说，就是马太效应。马太效应是指强者愈强、弱者愈弱的现象。也可以理解为好的越来越好，糟糕的越来越糟糕。这种趋势一旦形成就不可逆转，这也就是为什么一些行业会出现独角兽。

如果你有过商业操盘经历，一定希望越来越好的是自己经营的品牌，这可以说是所有经营者的梦想。

但问题是，如何让自己经营的品牌产生马太效应呢？

一言以蔽之，马太效应需要一个起点。要想形成强者愈强的趋势，就需要找到一个正向循环的起点。

那这个正向循环的起点又在哪里呢？

这个起点就是定位。

只有你参透了"越来越好"的底层逻辑，马太效应的正向循环才会在你身上发生。商品如此，个人亦然。

你看，如果没有参透其中的奥秘，你打造品牌大概率应该是在瞎忙。

但另一个问题又来了。为什么说定位是一个正向循环的起点呢？

一句话，在信息爆炸的时代，定位解决了你与受众/粉丝连接的问题。

如今信息越来越多，我们传播的信息很难进入受众/粉丝视野中，更别说与他们形成有效沟通，达到打造品牌的目的了。

过去，人们还会有信息不足的感觉。而如今，几乎人人都在生产信息，于是造就了今天这个信息爆炸的时代。那我们不妨来看看这些海量信息都是怎么来的。

我们从过去生产力不足、物资匮乏的年代，一直发展到产能过剩的今天，出现了满大街的商品，琳琅满目，多到你数都数不过来。商家为了回笼资金，天天打折促销，尽管如此，依然还有大量的商家，有卖不完的库存。

根据国家市场监督管理总局公布的数据，全国大概有9000万家企业，再加上一些没有登记在册的小作坊，这么算下来企业的数量就更多了。正是这些数量庞大的生产者，每天生产出千千万万个商品，使得今天供人们选择的商品暴增。

据说，一个超级超市就可以陈列30000—50000种商品；淘宝上有10亿种左右的商品供选择……可见，如今商品的数量之多，远远超出我们的想象。

虽然如此，商品暴增还只是社会信息量增加的一个部分，而媒体暴增，才是信息生产的"大户"。我们知道，过去生产信息的，多数是电视台、报纸、书刊等传统媒体，而如今是移动互联网时代，人人都是媒体，媒体也在暴增。

仅仅电视台、书刊、报纸等传统媒体，全国就有408家地级以上广播电视台和2106家县级广播电视台，586家图书出版社，以及9000多种报纸期刊……虽然，传统媒体日渐式微，但它们只是互联网化了，所以这些媒体一样生产出了不计其数的信息。

再说自媒体，它们更是数量庞大的信息生产者。每天生产出来的文章、视频数不胜数，让我们刷都刷不完，还有看不完的朋友圈、社群信息……

商品暴增、媒体暴增，广告自然也随之暴增。说到广告，相信只有商家会觉得自己的广告不够多，实际上，广告已经多到让我们消费者感到深恶痛绝的地步。不管你在什么地方，广告都如影随形，打开电视是广告，打开手机是广告，进入电梯是广告，上个厕所还是广告……这些没完没了的广告，简直让人抓狂。

以上所列举的还只是一部分信息生产者，它们生产的信息量已经足够巨大。整个社会生产出的信息更是海量。

如此可怕的海量信息，简直可以把人淹没。所以人们的心智会不自觉地启动自我保护机制，排斥信息，筛选信息。如此一来，人们只会接收心智中早已存在的认知——简单信息，而99.99%的信息就被排斥、筛选掉，无法被接收。

可想而知，在如此海量信息的背景下，一个商品或一个人，要想进入受众/粉丝的视野，真的比登天还难。

面对如此处境，定位理论提出者杰克·特劳特与艾·里斯，一改往常的做法，把竞争战场从产品转移到受众/粉丝的心智上来。通过极度简化信息，调动受众/粉丝心智中已有的认知，重新连接已经存在的联系，从而与受众/粉丝达成有效沟通。

只有与受众/粉丝达成有效沟通，打造品牌才有实现的路径。我们打造个人品牌同样如此，如果你不想瞎忙，那就要用12分的努力做好定位工作。

（二）以终为始，才能高效到达目的地

其实，定位就是以终为始的思维方式，一种以终为始的品牌战略思维。

什么是以终为始？

以终为始，是史蒂芬·柯维在《高效能人士的七个习惯》这本书中提出的第二个习惯。具体而言，就是指你先要知道自己要什么，自己的目标是什么，这就是"终"。然后集中全力朝着这个"终"努力行动，这样就能实现目标，到达目的地，收

获成功。

换句话说，就是先确定"终"——希望达到的目标和结果，再倒推设计如何"始"，即如何实现目标的策略和步骤。然后，明确地朝着目标和结果去行动。

就好比你要建一栋大楼，在拿起工具建造之前，要先在脑海中构思出这栋大楼，然后把这个构思画在纸上，变成一张设计图。接着，做好详细的施工计划，并按计划进行施工，最终建成你想要建的大楼。

这就是以终为始。

以终为始这个方法，可以应用在我们想做的任何一件事上。可以说以终为始是实现目标的高效方法。

之所以说定位就是以终为始的思维方式，原因就是定位是以赢得竞争为导向来确定"终"，即受众/粉丝的心智空位，然后朝着这个明确的"终"努力行动，直到抢占这个心智空位，从而赢得竞争。

这样，才会避免瞎忙。所以我们说，定位就是一种以终为始的品牌战略思维，它是我们打造个人品牌的有效工具。

我们都知道，成龙是一个非常有影响力的影坛巨星。可他刚出道时，总是扮演严肃的功夫角色，拍了很多动作电影，却始终没有走红。后来，一次偶然的机会让他一举成名，原因是他找到了自己的定位。

在20世纪70年代末，曾经辉煌的传统功夫电影，因动作硬桥硬马，一招一式，让观众看得很沉闷，渐渐失去了昔日的光辉。后来，袁和平发现，鬼马喜剧片这类电影票房很高，于是想尝试拍一部功夫鬼马喜剧片。

但是找谁来演合适，成了问题。经过分析，袁和平觉得成龙古灵精怪的，自带喜感，而且身手敏捷灵活，特别是在克敌制胜后偶尔展颜一笑的神情和动作，非常适合诠释喜剧性英雄人物，于是就找成龙来主演《蛇形刁手》。

这部由袁和平执导、成龙主演的电影《蛇形刁手》，一经上映就大获成功。自此之后，成龙走上了自成一派的功夫喜剧道路，在影片中也一改往日的严肃形象，以明朗、诙谐、快乐的形象出镜。

袁和平的分析，其实就是帮成龙找到了定位——功夫喜剧。有了明确的定位后，经过多部作品的积累，成龙很快就声名大噪。

第二节
定位策划，策划的是竞争力

上一节我们讲了定位对打造个人品牌的重要性。但如果只意识到这一层面，依然不能做好定位策划工作。为什么呢？

因为，这只是为我们打造个人品牌找到了实现的路径。而要做好个人品牌定位策划，还要把握另一个更深层面的问题。那就是：定位策划，策划的是竞争力。不然你策划出来的定位，很可能毫无竞争力，无法赢得市场竞争。再者，没有竞争力的定位，根本就无法产生符号。所以，我们在给自己做个人品牌定位策划时，始终要抓住竞争力这个意图。

（一）你可能一直在定位误区里

关于定位，众说纷纭。在个人品牌定位中，有两个误区迷惑性最大，让人以为自己已经做好了个人品牌定位。一是以为找到个人优势就是定位；二是以为确定自己的职业方向就是定位。

说起个人优势，其实很多人并不知道自己的优势所在。但随着个体的崛起，现在越来越多的人认识到，要打造或者发展个人品牌一定要发挥自己的优势,于是挖空心思地寻找自己的优势。

有些人一旦发现自己擅长、感兴趣的事,就以为这个就是自己的个人品牌定位。比如,有人找到了自己的优势是写作,就以为写作是自己的个人品牌定位。

还有的人,找到工作拥有了职业标签,或确定进入一个领域,也以为自己找到了个人品牌定位。比如,有人进入自媒体写作领域,就给自己贴上自媒体写作教练的标签,以为这个职业标签就是自己的个人品牌定位。

事实上,这都算不上做好了个人品牌定位,因为在实践中,你会发现自己所谓的优势,其实并没有明显的优势,跟你有一样标签的人还有很多很多。所以,你在市场中根本没什么竞争力。

也就是说,这样的定位,只是你给自己圈定了优势和发展领域,不代表你就有了竞争力。

不具备竞争力的定位,不叫定位。真正的定位,出发点是为了提高竞争力。

(二)定位是争夺用户心智的战争

这也就是为什么杰克·特劳特和艾·里斯两位作者写的《定位》一书,会被称为"有史以来对美国营销影响最大"。之所以有这么高的评价,主要是因为两位作者提出了一个颠覆性理论:通过争夺用户心智来赢得竞争。

定位理论自诞生以来就表现出巨大的威力。它传到中国后，不少企业家运用它都取得了极大的成功，比如蒙牛乳业的牛根生、阿里巴巴的马云、小米科技的雷军等等。

争夺用户（以下统称为受众/粉丝）心智是定位理论的原理所在，它包含两层含义。

我们先说说第一层含义——在心智中竞争。

定位把商业竞争从过去的内部视角转向外部视角，这是最大的颠覆。内部视角是通过从产品身上找卖点，或提高品牌形象等办法，来参与市场竞争；而定位一改往常的做法，把竞争场地转移到了受众/粉丝的心智中，即从外部视角入手，与竞争对手在受众/粉丝心智中展开竞争。

《道德经》说："夫唯不争，故天下莫能与之争。"可见，竞争的最高境界就是无争。

那么，当其他竞争策略都是从内部视角出发时，唯独定位从外部视角——心智出发，这无疑是找到了"夫唯不争"的办法。当你站在"夫唯不争"的位置上，竞争力是不是就提高了数倍？从这个角度看，不得不说定位理论的高明。

聊完了定位的江湖地位和它背后的思维方式，接下来我们需要先弄明白一个概念——心智。

什么是心智？

心智像电脑的内存条一样，为选择储存的每一个单位信息都设置了一个空位。简单地说，心智就是给一个萝卜留一个坑。

在运作上，心智和电脑很像。但在接收信息时，心智不像电脑那样，能接受所有输入的信息，它会排斥与以往知识或经验不相符的信息。

正因为这样，心智就会有容量的问题。在今天这个传播过度的社会，心智就像一个容量完全不足的容器，它无法让我们装入无限的信息。在心智里，一个品类只能容下7个单位的信息，并且心智会对它们进行排序，排成一个个1—7层的阶梯，每一层阶梯放一个信息。

而且同一品类，多数人只知道前三个信息，更要命的是，心智还偏爱这个阶梯第一层上的信息。这也就是为什么我们平常最熟悉、最喜欢选择"第一品牌"！比如以前说到买车，很多人都会脱口而出"那就买宝马、奔驰、奥迪吧"，如果经济允许，就会选择宝马。

看到没？这就是心智的表现。

所以，在心智中竞争，仅仅认识心智显然不够，还要进一步了解竞争，也就是定位的第二层含义——占据心智的捷径，这样才算完整地理解了定位原理。

那么如何在心智中竞争，就成了定位的关键。其实，从心智的偏爱来看，就可以不言自明了，那就是占据心智。而占据心智最好的办法就是成为第一。

定位的竞争手段可以说是简单直接。而从传播的角度看，成为第一，就是进入心智的捷径。换句话说，"第一"这个信息够简单，所以最容易被心智所接收。

为什么世界上那么多高峰，我们多数人只记住了珠穆朗玛峰，却很少人知道世界第二、第三高峰？原因很简单，因为珠穆朗玛峰是世界第一高峰。

我们再来看一个例子。

第一个登上月球并在月球上行走的人是谁？当然是尼尔·阿姆斯特朗。那第二个人呢？

多数人回答不出第二个人是谁，就算有人知道，那也只是一小部分人知道。

综上，定位原理，简而言之，就是在受众/粉丝心智中占据第一的位置，从而赢得竞争。第一，或是唯一，都是最大的与众不同。

这里，我们要知道，心智阶梯的7个位置所表现出来的市场价值有着天壤之别。在商业世界里，要是谁被心智认为是第一，那么它分配到的市场份额将是80%，甚至更多，剩下的20%，分给2—7位置上的品牌。

由此可见，成为第一，最容易占据心智，且市场价值最大。所以，定位的竞争杀伤力是巨大的。讲到这里，我们就不难理解前文提到的两家餐饮店，为什么只有一墙之隔，生意却截然不同。

总的来说，定位的具体思路就是，先在受众/粉丝心智中找到一个有利的竞争位置，然后不断地夯实这个位置，直到真正地占据它，并以此赢得竞争。

现在，我们对定位策划已经有了深入的认识。下一节，我们将进入个人品牌定位策划实操部分。结合定位理论，我提出了一个个人品牌定位策划模型，帮助你做好个人品牌定位策划工作。

第三节
个人品牌定位"金三角",
帮你策划出竞争力

要想做好个人品牌定位策划,一定要有一个好工具。这个好工具,就是秘密武器——个人品牌定位"金三角",也就是定位策划模型(图2-1)。

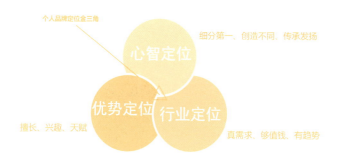

图2-1 个人品牌定位策划模型

在这个模型中,你的优势与潜力行业、受众心智三者交汇的三角形,就是你的个人品牌定位。它不但能让你在一个心仪的领域里发挥出自己的优势,还能让你在该领域里形成竞争力,这也就是为什么我把优势与行业、心智三者形成的三角形,叫"金三角"。

（一）优势定位，挖掘你身上最具潜力的优势

个人品牌定位策划，首先要找到自己身上的优势。很多人一听到在自己身上找优势，第一反应就是觉得自己没什么优势。事实上，每个人都有优势，就像一只手，五个手指一定有长短，长的那个就是你的优势，也就是所谓相对优势（跟自己比）。

所以，我们要明白，找自己身上的优势，是找相对优势，而不是找绝对优势（跟别人比）。如果一味地找绝对优势，恐怕一辈子都找不到自己的优势，因为山外有山，人外有人。

那么，如何挖掘自己身上最具潜力的优势呢？

1. 擅长的东西

擅长的东西，是一个人多年积累的一笔无形财富，它是你已经具备但可能不自知的优势。如果不加以发掘利用，就是一种资源浪费。

如何找到自己擅长的东西呢？

（1）回顾成就。

把自己过往（包括上学的时候）所做的事情中，那些比较有成就的，或者一件事情做比较好的部分/环节，一一列出来，然后把其中成果最大、成功率最高的事情挑选出来，认真地分析一下，你的每一个成就主要靠哪些能力。这个时候，你就会发现，有些能力一直在你的成就中起着至关重要的作用，那么这些能力就是你所擅长的（图2-2）。

图2-2 回顾成就

其实，有时候我们一直在不知不觉中发挥自己的优势，只是不自知，或者没有刻意练习过它，所以没觉得自己在某方面有多擅长。

我有个客户，一直认为自己没有什么擅长的事情，甚至自我否定都到了自卑的地步。后来我用这个方法带她一起做了一次回顾成就，结果发现她很擅长整理，而且她的耐心是很多人无法比的。现在，她在我的建议下进入了整理领域，而且做得比她之前的任何一份工作都有热情，她还信心满满地想在这个领域打造出自己的个人品牌。

经过一番回顾，你可能找到一个或多个擅长的领域，这个时候你可以选择一个最擅长的，或者把它们重新组合成一个全新能力圈，也许会让你找到意想不到的优势。

（2）寻求反馈。

很多时候，"当局者迷，旁观者清"，你对自己的了解，可能还不如别人。有时候你自己觉得在某方面比较擅长，其实不然，你真正擅长的，答案有时候可能在别人那里。

如果你在寻找擅长的领域时存在困惑，那么你可以去问问旁观者，比如你的朋友、领导、同事等，他们是你经常打交道的人，很可能知道你擅长什么，不妨听听他们是怎么评价你的，

看看他们认为你有哪些方面的才能，把它们记录下来。

具体你可以使用以下问题清单来寻求反馈。

你认为我擅长什么？

你觉得我什么事情做得特别好？

你认为我有哪些潜力？

你认为我比较适合做什么？

你对我的整体认识是什么样的？

如果你对他们反馈的答案仍然心存疑问，那么你可以回想一下，平常别人都夸你什么，他们喜欢找你帮忙的事情都是什么。把这些直接的答案和间接的答案，综合起来看，就一定能在寻求反馈中得到满意的答案。

2. 兴趣

创业变现，兴趣就是最好的起点。兴趣，往往伴随着天赋，它有着无限可能。在定位优势时，一定要考虑兴趣的价值。

在今天这个移动互联网时代，把兴趣变成事业的人大有人在。比如，樊登喜欢读书，创办了樊登读书会，目前估值超过50亿元；刘楠在女儿出生后，就想挑世界上最好的母婴产品给女儿，结果创办了蜜芽，获得徐小平投资；陶白白喜欢分析不同星座的行为模式和心理活动，深受粉丝喜爱，一周涨粉上百万；等等。

那怎么发现自己的兴趣呢？我们可以试着问问自己：

每天在短视频平台上哪类内容看得最多？

平常去逛街、旅游,都喜欢关注什么?

在哪些事情上花的时间最多,投入的金钱和精力比较多?

你所在的工作岗位是什么?这个岗位有什么是你喜欢的?

平常业余时间都喜欢做些什么?哪怕是喜欢吃,喜欢打游戏,喜欢旅游,喜欢健身等等,都可以。

一个人,一旦做自己感兴趣的事情,就会用最大的热情,全身心投入其中,并会尽一切努力做好它。所以,你的兴趣如果能够得到充分的发挥,它就会变成你的一个优势。

3. 天赋

天赋是我们每个人基因上的优势。

通过挖掘擅长的领域和兴趣,或许你只找到了一些后天习得的知识和技能,以及部分天赋上的优势。如果你还没有找到自己的优势定位,那么可以继续深挖一下自己身上的天赋。这部分潜在的优势,在你身上,但它可能从未被察觉。

1983年,美国教育心理学家霍华德·加德纳提出多元智能理论,即一个人与生俱来的天赋表现为8种智能。当你对这8种智能有一定的认知后,一定会发现自己的优势定位有了更多可能。

(1)语言智能:在文字、语言表达和语言欣赏方面敏感、高效。即一个人听、说、读、写能力显著。

(2)逻辑智能:指运算和推理能力。即一个人对数学、物理等理科知识的学习和运用能力强。

（3）空间智能：对空间的感知、识别、想象和改变的能力。即一个人能在大脑中形成一个空间世界，并且对其感知的能力特别强。

（4）音乐智能：感受、区别、记忆和表达音调、节奏、旋律的能力。即一个人在作曲、演奏、演唱等方面的能力强。

（5）身体动觉智能：四肢和躯体运动的协调能力。即一个人能较好地控制自己的身体，做出恰当的身体反应，能做出常人难以做出的动作。

（6）人际交往智能：善于理解他人的情绪、动机和行为，并调整自己，达到与他人和睦相处，以及有效共事的能力。即一个人的社交能力强。

（7）自我反省智能：对自己的情感、愿望和能力，有正确的感知和认知能力。即一个人很有自知之明。

（8）自然观察智能：对自然环境中各种事物的区分、认知、驾驭能力。即一个人在自然环境中的生存能力强。

这8种智能，有些我们根本不知道它是自己的优势。当你了解这8种智能后，你就有了更多有待开发利用的宝藏。

想要挖掘自己身上的天赋，可以参照这8种智能分析自己，相信可以发现一些你不曾发现的天赋；或者通过相关的测试，也能找到一些自己之前所不知道的天赋。你会发现，只要找到一种智能，就可能带来多种选择。比如，你发现自己在语言智能方面有天赋，那么你在听、说、读、写多个方面可能都存在发展的潜力。这可谓一举多得，应该多花点时间去挖掘它们。

在我看来，个人优势定位，应该从各个维度进行搜索，不遗漏任何有价值的优势。因为优势是打造个人品牌的基础，是个人品牌打造核心力的基石，没有优势，打造个人品牌就无从谈起。

通过擅长、兴趣、天赋三个不同的维度，对我们身上的优势进行全方位地挖掘，相信总有一个维度，能让你找到自己的优势定位。

我们找到自己的优势定位后，接下来还要考虑这些优势能为谁服务，满足什么样的市场需求，也就是选择什么行业，进入哪个领域更有发展潜力，以实现个人优势价值最大化。

（二）行业定位，找到高价值的心仪领域

个人优势能否实现价值最大化，跟你所在的行业是否是个高价值的行业有关。比如，你的优势是销售，那你在不同行业做销售，收入可能完全不一样。

所以，在我们找到优势定位后，就要为自己找一个高价值的行业，即行业定位。那么，怎样才能找到高价值的行业呢？

一般情况下，高价值行业有三个特征。

1. 真需求

不管你从事什么行业，服务什么样的受众群体，对他们的需求，一定要洞察清楚，因为需求不一定都真实存在。尤其是自己发现的所谓市场需求,往往都是伪需求。

所以在你打算进入一个行业之前,一定要确定好市场需求。不然,即使你进入也很难发展起来。那么如何判断需求是否真实存在呢?

我们可以用"需求三角"理论(图2-3)来解决这个问题。所谓"需求三角",就是一个需求必须由缺乏感、目标物和能力三要素构成,缺少任何"一角"都不能构成真实的需求。

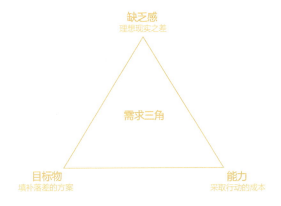

图2-3 "需求三角"理论

缺乏感:就是用户理想与现实之间的落差。比如,用户在逛街的时候感到口渴,这时候他会觉得缺一个饮品,这种感觉就是缺乏感,其实就是他产生了一种解渴的需求。

目标物:就是我们为了填补用户的缺乏感而提供的解决方案。比如,用户口渴,那么我们就想办法给用户提供相应的产品,来解决他的口渴问题。

能力:就是指用户采取行动的成本,也就是购买力。再通俗点说，就是用户为了解决口渴问题，能不能掏出足够的钱来购买你提供的产品。

通过市场调研，如果你确定受众群体有缺乏感、有能力，并且你能提供目标物，那么这个市场的需求，基本上就是真实存在的。换句话说，就是受众群体有需求，并且你有能力提供相应的产品，同时受众群体也有购买此产品的能力，这事你才能真正投入去做。

2. 够值钱

行业与行业之间的价值也大为不同。所以，我们在做定位策划的时候，要多个心眼，瞄准一个值钱行业。

找值钱的行业，通俗地讲就是找赚钱多的行业，也就是所谓的入对行。那么如何寻找值钱的行业呢？这里有三个方法。

（1）看资本。

资本的嗅觉最灵敏，擅长发现赚钱的行业，跟着资本的投资方向走，是一个好办法。了解资本的投资风向，我们可以查看国家统计局官方数据，也可以上投资类工具网去查看，比如巨潮资讯网、亿牛网等。

（2）看数据。

查看上市公司的行业毛利率情况，能更直接地了解到一个行业的价值如何。如果一个行业毛利率高，说明这个行业是个赚钱的好行业。了解上市公司的行业毛利率情况，也是通过公开的信息——公司发布的年报来了解，比如上小乐财报这样的垂直网站，能更轻松地查看相关信息。

（3）看薪资。

我们还可以通过了解行业的薪资水平，来判断这个行业值钱与否。要是一个行业提供的薪酬待遇高，就说明这个行业值钱。具体可以通过一些招聘网站或企业服务平台来了解薪资水平，如58同城、Boss直聘、赶集网、领英等。

3. 有趋势

不管什么行业都有周期性，都会经历形成期、成长期、成熟期和衰退期（图2-4）。

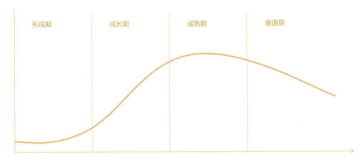

图2-4　行业周期

我们进入一个行业，要寻找它的成长期，也就是所谓的风口趋势。在行业趋势的加持下，参与者会获得一些红利，也就是说，这个时期相对容易把一个项目做起来。

比如，2012年公众号刚上线的时候，你就看到了趋势并开始运营，那么你可以比较轻松地把公众号做大。要是公众号红利殆尽后，现在才开始运营，那么要把公众号做大是很难的。

当然，也不是说完全不能做，只是现在再做，你要有更多维的能力。

那么如何判断一个行业正在成长期呢？

（1）看政策倾向。

我们知道，一个政策通常会决定一个行业的兴衰。如果是政策鼓励的行业，那么这个行业就很可能成为下一个趋势行业。比如当年的房地产行业，在政策的支持下，一路高歌猛进发展了20多年。

（2）看搜索指数。

我们也可以运用百度指数、微信指数来查询行业走向。只要你在搜索工具中搜索相关关键词，就能查看行业的搜索指数情况，如果搜索指数是上升的，就说明这个行业在成长上升期。

比如，在百度指数在线查询中输入关键词"咨询"，就能看到咨询行业的指数情况（图2-5）。

图2-5　咨询行业百度指数

(3) 看从业状况。

有时候，我们通过观察行业从业人员的多寡，也能大体判断一个行业的走向。比如你在网上发现一个行业的招聘需求变多，或者一个行业的从业人员越来越多，都说明这个行业处于上升的趋势。虽然这个方法有点主观，但是很实用。

其实，无论我们选择什么样的行业，都免不了面临激烈的竞争。你只有从竞争中脱颖而出，才能获得更多的市场份额。要想在行业竞争中脱颖而出，还必须考虑个人品牌的竞争问题，只有解决了竞争问题，个人品牌定位策划才算真正完成。所以，我们还要继续进行心智定位。

(三) 心智定位，在受众心智中找到成为第一的位置

我们已经知道定位理论的核心思想，就是在受众/粉丝心智中占据第一的位置。所以，要想成为第一，就要先在受众/粉丝心智中找到一个可以让自己成为第一的位置——空位，也就是所谓的心智定位。

那如何在受众/粉丝心智中找到这个空位呢？

1. 细分第一

找空位最好最简单的办法，就是细分。

每个领域都可以进行无数的细分，通过细分找到更多的空位，这可以说是普通人寻找空位的最好方法，值得认真思考。毕竟每个人的时间、精力和能力都有限，通过细分出一个小品

类、更有可能实现占据心智第一位置的目的。

而且当你专注于某个特定的细分领域，就能很好地体现自己专业、内行、专家、意见领袖（KOL）的形象，甚至成为该细分领域的第一。那么你的个人品牌就容易让人印象深刻，从而占据受众/粉丝心智。

具体如何细分呢？这里提供5种方法，让你细分出属于自己的空位。

（1）按品类细分。

俗话说"宁做鸡头，不做凤尾"。品类细分，就是以小博大，让你实现做"鸡头"的梦想。比如张泉灵的"泉灵的语文课"，就是细分了K12中小学语文这个赛道。

那么具体如何进行品类细分呢？

接下来，我们以细分主播为例，用思维导图来演绎一下品类细分的方法（图2-6）。

图2-6　主播细分

我们首先把主播细分为卖货主播、知识主播、娱乐主播等；然后再继续细分它们，比如把娱乐主播继续细分成搞笑主播、八卦主播、游戏主播等。

当然，如果细分到这里依然没有找到自己的空位，那么你可以继续往下细分。总之，当你从主播一层一层地往下细分的时候，就会慢慢地发现一些适合自己的空位。最后，选择一个与自己优势能力相匹配的细分品类，作为自己的心智定位。

（2）按地域细分。

按地域细分就是按照行政区域划分，<u>自上而下，逐步细分出自己的地盘，做这一区域的第一</u>。比如"村花小佳"，从这个名字看，她就是细分了"村"这级行政区域。

按地域细分，这个方法操作起来相对比较简单。首先你把地球细分成全球、全国、全省、全市、全县……一直细分到一条街道都可以，甚至细分到公司、单位、社群。线上，同样可以用这样的思路细分，比如，全网、综合平台、垂直平台……然后再看看自己的优势能力，能驾驭得住多大的区域。比如，你驾驭不了全球市场，那就选择全国市场，再不行，就全省、全市、全县……一直细分出一个能让自己成为第一的区域。细分出的区域，无论大小，价值都是巨大的。

（3）按性别细分。

简单地说，按性别细分，<u>就是人为地把目标市场划分成女性市场和男性市场</u>。比如，某某女性减肥顾问，就是按照性别来细分市场的。

按性别细分，这个方法操作起来就更简单了。当你选择一个市场，发现自己没有竞争力时，可以考虑把目标市场分成女性受众/粉丝和男性受众/粉丝，然后看看是否有空位。如果针对不同性别的市场还没被别人占据，那么，你就可以选择针对其中一个市场提供服务。

（4）按年龄细分。

顾名思义，就是把受众群体按照年龄进行市场细分。比如"凯叔讲故事"，就是按照年龄细分市场，找到了儿童故事教育这个市场。

按年龄细分，实际操作也不难。你先把自己的目标受众人群，按年龄进行划分。按年龄划分人群，通常是把人分为幼儿、儿童、少年、青年、中年、老年。

当你划分出不同年龄段的群体，就意味着给自己找到了多个可选择的位置。有了这些位置，你可以逐一地分析排除，最后选择出没有被占据的空位。

按照这种方式切割市场，在教育、培训、医疗等领域比较常见。比如某某育儿专家、某某青少年心理咨询师等等，都是按年龄细分的结果。

（5）按价位细分。

按价位细分，顾名思义就是在价格上做文章。我们经常听到的高端市场、低端市场，其实就是价格细分的结果，比如"高端顾问某某"，这个标签明显就是按照价格细分而来的。

按价位细分，这个方法操作起来也不难。就是把市场切割成高、中、低端三个价位，然后选择其中之一即可。

需要提醒的是，按照价位细分市场，与前面4种方法有所不同，前面我们所细分的对象是固定的，就好比一块蛋糕，只能是越切越小，而按价位细分，可以人为地创造。

比如，你进入的领域，市面上的产品最高售价是100元，如果你想细分这个领域的高端市场，那么就可以用更高定价来抢占这个位置，只要你的实力允许就可以。反之亦然。

一般情况下，难以团队化运作的个人品牌，我建议选择走高端路线。因为一个人不管怎么努力，每天的时间就24小时，你能提供的服务数量很有限。比如律师、顾问、教练这样的赛道，打造个人品牌都有时间精力上的局限。

总之，不管采用哪种方法进行细分，都是要不断地细分，细分到有空位为止、细分到你的能力、你的资源足够支撑你在该领域赛道成为第一为止。这样，你才算完成细分工作。

2．创造不同

如果细分不能解决问题，那么我们可以选择在产品上下功夫：创造不同，成为唯一。这个思路相对来说，难度比较大，因为要涉及创新创意问题。当然，我会把创新创意问题简单化，让你可以落地操作。

那么具体如何创造不同呢？这里为你提供3种简单易上手的方法。

（1）做加法。

这里所说的做加法，是通过跨界融合来实现创新。简单地说就是：自己本行业+其他行业。这种创新方法，往往能创造出与众不同的新物种。

比如，新东方老师董宇辉。他本来是直播卖农产品，结果边带货边科普知识，妙语连珠，让粉丝耳目一新，在直播界火出了圈。其实，他的创新就是直播带货＋知识科普，这让他成为一个独一无二的存在，跟其他带货主播完全不同。

在摄影界有个奇人叫孙郡，被人称为"摄影诗人"。他把国画与摄影完美融合，只要他按下相机的快门，就能让你定格在国画中。他的这种创新，也是跨界做加法，使得他在摄影界独树一帜。

（2）做减法。

做减法就是把原来繁杂的东西，通过删减，化繁为简。具体如何做减法，简单地说就是：将原来由多种元素构成的产品/作品，减掉一部分元素，让它变成一个新产品/作品。

毕加索创作的《公牛》就是一个典型的例子。毕加索画的公牛只有寥寥数笔，他把牛的皮毛血肉全部都减掉，只剩下一副骨架。这头只有骨架的牛，成了毕加索的巅峰之作（图2-7）。

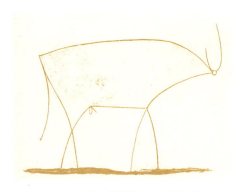

图 2-7　毕加索的巅峰之作《公牛》

这幅看似简单的作品，由具象到抽象的演变，实则是毕加索通过11次易稿后才创作完成的。我们回溯一下大师的创作过程便知道，这幅天才般的作品，其实是毕加索以做减法的方式，将牛画到最简单的状态。

他最初画稿上出现的牛，是一头膘肥体壮的公牛，这牛画得看上去并没有什么特别之处，就是一头具象的公牛。他想尝试大幅度简化牛身上的细节，看究竟会是什么样。

他用更平面、更装饰化的手法来处理公牛，但是看上去仍然很像一头具体的牛。接着他继续减少明暗光影的元素，发现光影并不影响表现一头牛，所以，他继续减掉牛的五官……最后干脆把黑白灰色块也去掉，只剩下线条，但大师还是觉得不够简单，于是他继续尝试减少线条的数量，把线条减少到极限状态，他发现依然能识别出这是一头公牛，最终他就这样创作出了他的巅峰之作（图2-8）。

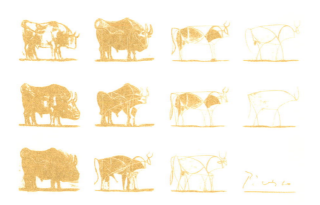

图2-8 毕加索画作《公牛》的创作过程

（3）做反差。

做反差，就是把两个对立的事物，和谐地组合在一起，形成一种强烈的冲突张力，让人产生深刻的印象。简单地说，就是把两个看似矛盾的元素组合在一起，创造出与众不同的产品。

比如李玉刚，通过反串女生，一首《新贵妃醉酒》，让他一举成名；还有王清平，将满脸堆笑地说相声，改成一本正经地说相声，也能在相声界拥有一席之地；等等。

3. 传承发扬

当然，如果你觉得创造不同有难度，那么你还可以选择传承发扬。传承的好处就是前辈已经帮你把心智占领了，你只要去填补就可以。

比如梅派是由京剧大师梅兰芳创立的一个京剧流派，广为流传，深受戏迷朋友的喜爱，在京剧界占有很高的地位。所以，梅派大师梅葆玖子承父业，胡文阁等弟子又师承梅葆玖，他们一出场都是自带光环，用时髦一点的话说，那就是自带流量呀。

我们中国文化底蕴深厚，尤其是随着国力的提升，传统行业将会重新流行起来，比如近几年的汉服热就是一个例子。所以，我们有很多东西可以传承发扬。

那么，如何找到心仪的传承发扬领域呢？

如果你对中国文化还不够了解，那么我建议你先去买一本中国文化方面的书，对它进行全面的了解。

然后用列表格的方式，把中国文化进行分门别类、详细地梳理，找出细分赛道的发展脉络，这样你就能找到自己想要传承的方向和对接对象（表2-1）。

表2-1 传承发扬梳理

行业领域	细分赛道	代表作	创始人	传承发扬
传统饮食	茶	大红袍	陈德华	
传统服饰				
传统手艺				
传统艺术				
传统文史哲				

在表格中，我做了"传统饮食"一个细分赛道的梳理，以此作为示范，启发你的思路。其实，你只要按表格里提供的思路，往里面填写具体内容，最后挑选出自己心仪的即可。

通过细分第一、创造不同、传承发扬这三大方法，相信总有一个方法能让你在受众/粉丝心智中找到一个可以让自己成为第一的空位。

第三章

个人品牌标签策划

CHAPTER 3

个人品牌标签，也就是你的个人标签。

从本质上讲，个人标签是你个人品牌定位的载体，即定位信息的具体显示，或者说是你的价值的抽象体现和个性说明。

从经营角度来说，标签是你与受众/粉丝之间建立联系的窗口。受众/粉丝能不能快速接收到你所要传递的信息，能不能被此信息所影响，你能够影响到多少受众/粉丝，这些都取决于你的标签。

一句话，标签决定着你的影响力。

说到底，打造个人品牌就是为了打造一个有影响力的标签——让别人看到这个标签就想起你，看到你就想起这个标签。它是你所有心血的结晶。

但我发现，即使标签很重要，很多人对标签的认知却很模糊。不知道自己标签的由来以及使命是什么，也不知道打造个人品牌要有一个完整的个人标签。总之，标签看似简单，实则充满大学问，需要深入理解。

第一节
为什么观众都喜欢玛丽莲·梦露

这一节先来说说，打造个人品牌，为什么要有一个完整的个人标签。

探讨这个问题，我们需要从一个女人说起，她就是玛丽莲·梦露。

玛丽莲·梦露，这个火遍全球的好莱坞女星独有的形象——金发、红唇、白裙，在观众心中至今印象深刻。

虽然玛丽莲·梦露已经逝世60多年了，可观众依然对她念念不忘。大家通过各种不同的形式来纪念她，网上年年都有大量关于她的文章和视频，或追忆，或赞美……

那么，为什么观众都这么喜欢玛丽莲·梦露呢？

可能大多数人的回答是：性感。

只有性感吗？恐怕没这么简单。

（一）没有无缘无故的爱

我们在"人如商品"一节中讨论过，无论是受欢迎的商品，还是受人喜欢的人，它（他）们一定有"卖点"，并且它（他）

们都具有多维"卖点"。

所以，一个受人喜欢的人，在他身上，往往不只有一个"卖点"。

就像玛丽莲·梦露，我们多数人以为观众喜欢她，是因为她性感。但当你深入了解她的时候就会发现，观众喜欢玛丽莲·梦露的真正原因，不仅仅只是她性感。她的性感和动人的表演风格，只是一部分原因，而另一部分原因则是她身上的善良。

这也合乎逻辑，如果她只有性感，恐怕也不会有那么多观众喜欢她，她也难以成为一代女神，让观众至今无法忘怀。

有人喜欢她的性感，有人喜欢她的善良，只是每个人喜欢的视角不同罢了。

（二）有人被她的价值所满足

"梦露，一个熟悉的名字、熟悉的形象。全世界几乎每个人在成长过程中都或多或少见过她那些著名的照片，并记忆深刻：那张穿着白色裙子在纽约大街上，裙子被地下热气吹得张开了'喇叭'的黑白照；那张面对镜头两眼微阖、双唇微翘的；在沙发上裸露那双美腿的……这些照片不再是照片，而是成了一种特殊情感的传达，一种纯真性感的定格。对几代人来说，梦露就像这些照片，是永恒的定格。"

这段来自中国娱乐网的网评，一定程度上代表了影迷对玛丽莲·梦露性感的喜欢。她成了这些影迷心中永远的性感女神，甚至成了一个性感的符号。可见，玛丽莲·梦露的性感确实俘获了一群人的心。

她总以独特的穿着打扮，加上天真、自信大方的面容，塑造出充满性感魅力的外表形象，来牢牢抓住影迷的注意力。她善于运用身体语言、眼神和表情来表达角色的情感，让观众快速产生代入感和共鸣。这种性感的表演风格以及自然生动的演技，使她在电影界脱颖而出。

如果说性感和演技是用来满足市场需求的，那么，有人就被她的市场价值所满足。

（三）有人被她的个性所征服

相比之下，也许她的善良个性，没有她的性感那么闻名，但同样征服了一大群人。

文学大师林语堂这么评价她："其他女星用美来让自己丰满腰包，而她却用美让富人为穷人掏腰包。"

美国作家海明威这样评价梦露："性格坚毅，美丽善良，慷慨大方，一片黑暗中的一束光。"

其实，一旦你了解了她为慈善事业所做的努力，相信你一样会被她善良的灵魂所征服。

她为流浪儿童捐款，为关节炎病儿童募捐资金……在1962年她去世当年的生日那天，她还去参加了道奇棒球场为肌肉萎缩症儿童举办的筹募基金的活动。

数十年来，她都在努力通过各种方式帮助残疾人和儿童，甚至流浪小动物。在很多人的心目中，她才是真正的人间天使。

如果欣赏她的视角是善良，那么，有人就会被她的个性所征服。

总之，每个人欣赏他人的视角不同，有人被他人的价值所满足；有人被他人的个性所征服。

换句话说，要想做一个受人喜欢的人，你需要具备多个"卖点"。正如观众都喜欢玛丽莲·梦露，就是因为她的性感、善良，满足了各种不同欣赏视角的观众的需求。

事实上，人们对他人的"消费"，更是希望一个人既要有颜值，又要有才华和个性。就像刘德华在娱乐圈奇迹般地红了40多年，原因正如他的粉丝所说，始于颜值，陷于才华，终于人品。

所以，打造个人品牌，我们要多维度开发自己身上的"卖点"。不仅要用自己的才能满足别人，还得用自己的个性魅力征服别人。才能价值满足人，形成你的功能标签；个性魅力征服人，形成你的个性标签。这样，你才算拥有一个完整的个人标签。

由此可见，一个完整的个人标签，需要由功能标签和个性标签构成（图3-1）。

个人标签=功能标签+个性标签

图3-1 个人标签

要知道，如果一个人的个性鲜明且正面，能给人精神层面上的征服，那么他给人的影响往往更深刻、更久远。这样，也就能更好地理解，为什么直到现在观众还喜欢玛丽莲·梦露。

在商业领域，一个超级品牌，同样是在精神层面做到了征服人。比如主张"反抗权威、藐视传统体制、崇尚自由与解放自我"的哈雷，它的嬉皮风潮影响了一代又一代的人。

总之，想成为一个受人喜欢的人，你需要具备多个"卖点"，来更好地满足你的受众/粉丝。有多个"卖点"的好处是，指不定哪个"卖点"就能击中他人，而获得一波粉丝。

第二节
如何让更多粉丝喜欢自己

现在，我们已经知道，打造个人品牌需要有一个完整的个人标签，也就是既要有功能标签，也要有个性标签。

在第二章个人品牌定位策划中，我们主要探讨了挖掘个人才能价值来满足人，以形成你的功能标签。我们还缺少个性魅力来征服人，以形成你的个性标签。

所以，这一节我们就来聊聊个性标签，看如何策划一个充满魅力的个性标签，让自己获得更多受众/粉丝的喜欢。

其实，个性是个人品牌定位的重要组成部分，是你个人品牌的另一个核心优势，也是你个人品牌升级的必经之路。

（一）为什么多数人没能拥有充满魅力的个性标签

我们知道，一个人之所以能形成个性标签，是因为他的个性魅力征服了人。所以，显而易见，个性标签是个性造就的。

那什么是个性呢？

所谓个性，就是一个人在性格、思想、品质、意志、情感和态度等方面，不同于其他人的特质。

前面我们已经感受到一些个性的强大魅力，相信每个人都希望自己拥有这样的魅力。个人之所以缺乏这样的个性魅力，除了前面所说的不清楚自己的优势以外，还有一个原因是我们都是"模糊人"。

什么是"模糊人"？简单地说就是没有清晰鲜明的个性。

具体地说，就是一个人在生活和工作中，个性表现不集中、不明显、不稳定。时而热情，时而冷漠；时而信心满满，时而自卑脆弱；时而斗志昂扬，时而消极沮丧……这就是"模糊人"。

似是而非，一会儿给人的感觉是这样，一会儿给人的感觉又好像是那样。造成很多人没给人留下一个清晰鲜明的个性，总之，给人的感觉就是模糊不清，没有识别度和存在感，所以不能产生自己独特的个性魅力。这样也就谈不上让人印象深刻，形成自己的个性标签了。

（二）个性够清晰鲜明才有魅力

一个人，如果由内而外地散发出那种勇敢的气魄、积极的心态、坚韧不拔的毅力、无私的气度、淡定从容的状态，是会充满感染力的。这样清晰鲜明的个性，无不让人印象深刻，让人动容、敬佩，甚至崇拜。

在生活和工作中，那些有鲜明个性的人，不管面对什么人和事，他们都有自己的态度、原则和理念。这样的人，总是能吸引别人的目光，充满魅力，让人印象深刻。

可惜，我们多数人都没有清晰鲜明的个性，也就没有所谓的个人魅力。

其实，并非大人物那样的大爱、大德、大能才有魅力，才能吸引人。一个人，哪怕有个良好的小习惯，也能让人印象深刻，并且打动人。

我有个邻居阿姨，她的一个生活习惯，至今让我印象深刻。记得小时候大家的生活都不富裕，穿着打扮看上去好像个个都"衣衫褴褛"的样子，而唯独她总能一身整洁地出现在大家面前，显得那么与众不同。所以，大家都喜欢她。

说起来，这就是爱干净的习惯给人留下了深刻印象，并让人喜欢。举这样的小例子，我想说的是，不要以为普通人就不能有自己的魅力。

一个人只要个性够集中、明显、稳定，就能产生自己的魅力，从而形成个性标签。 当然，打造个人品牌，是要塑造相应受众/粉丝喜欢的个性标签。有了清晰鲜明的个性，就会有更多受众/粉丝喜欢你。

但要想让自己的个性变得清晰鲜明，需要对自己的个性进行一番策划梳理，这样才能拥有一个充满魅力的个性标签。

那么如何策划一个充满魅力的个性标签呢？下面给你提供三个路径，帮助你策划出充满魅力的个性标签。

（三）如何策划一个充满魅力的个性标签

这三个路径分别是性格、价值观和道德修养，接下来我们逐一展开细讲。

路径一：性格

性格与生俱来，每个人的性格都有可爱的一面。比如，唐僧师徒四人各有各的可爱：孙悟空机智勇敢，猪八戒幽默活泼，沙僧忠厚随和，唐僧善良执着。他们圈粉无数，而且还长期圈粉。

看看每年暑假都要重播的《西游记》，以及各种各样与师徒四人相关的影视剧层出不穷，就知道一代代人对这师徒四人有多喜欢。

回到现实，也是这样。性格讨喜的人，总是受大家欢迎。

2022年，随着吴京主演的电影《长津湖》以57亿元的票房成绩摘得中国影史票房冠军，吴京也由此成为大陆首个突破200亿元总票房的明星，就连成龙都羡慕地说："我几十年票房才200亿，他4部电影就够了。"

为什么这几年吴京的电影会这么叫好又叫座呢？一部分原因是他爱国主义情怀的定位和业务能力，另一部分原因不得不说是他讨人喜欢的性格。

这些年娱乐圈"伪娘"文化当道，而吴京拍的影视剧，展现的都是敢打敢拼、拳拳到肉的硬汉形象，成功演绎了中国军人的坚强。从《男儿本色》到《狼牙》《我是特种兵之利刃出鞘》《战狼》，再到《流浪地球》《长津湖》等，吴京出演的都是充满正能量的铁血男儿。

这让大家猛然发现，做事雷厉风行的硬汉吴京，才是娱乐圈男明星该有的样子。加上吴京质朴、热情、真实，这样接地气的性格像一个邻家大哥哥，深受年轻人喜欢。

还有拧巴不张扬的胡歌、直率大大咧咧的迪丽热巴和古灵精怪的王子文，都深受观众喜爱。

有些人天生个性分明，并且讨喜，自然而然就赢得大家的喜欢；而有些人的性格就需要一定的"修剪"才能让人喜欢。当然，这里说的"修剪"不是要你改变自己的性格，因为改变性格太难了。我们只要把自己性格中讨喜的一面梳理出来，强化它、放大它，同时把让人讨厌的性格收敛起来，就能塑造出吸粉的个性标签。

不过，通过性格这条路径来打造个性标签，一定要做自己，不要模仿别人，否则就可能成了东施效颦。只有真实做自己才自然、真实、可爱。

那么，什么样的性格可以作为自己的个性标签呢？这里我准备了一个讨喜的性格个性标签库供你参考。

性格个性标签库：阳光、热情、童心、深邃、细腻、稳重、执着、勇敢、自信、坚强、谦虚、坦率、幽默、镇定、乐观、专心、自律、勤奋等等。

路径二：价值观

每个人都有自己的价值观。你在处理事情的时候，有自己判断、选择、取舍的标准，这个标准就是你的价值观。比如面对困难，有人选择努力克服，有人选择躺平、妥协等等，这些都是价值观的体现。

价值观是后天形成的，谁都可以形成正能量的价值观，来赢得他人对自己的认可和喜欢，关键是要尽快形成自己的定见。

当你对人生中的事物有了定见，那么，不仅意味着你已经形成明确稳定的价值观，还能形成一股强大的力量影响别人。比如各种各样的社群，能够吸引受众/粉丝加入，很大一部分原因就是大家的价值观相同，因而聚集在一起。当然，价值观一定要够正能量。

价值观，可以说是一个人的一种魅力体现。

稻盛和夫是我个人非常喜欢的企业家，他被称为日本"经营之圣"。27岁时，稻盛和夫就接手濒临破产的京都陶瓷厂，39岁时，他带领京都陶瓷上市；更令人瞠目结舌的是，2010年，已78岁高龄的稻盛和夫临危受命，再度出山，仅用一年时间，就挽救了拥有58年历史却徘徊在破产边缘的日本航空。

为什么稻盛和夫能取得常人所不能企及的成就？

除了他有着过人的经营能力，更重要的是他的人格魅力。而人格魅力归根结底，还是来自他吸引人、激励人、聚集人的价值观。这些价值观，在他的代表作《活法》《干法》和《心法》中都有具体体现。比如：

• 清澈而单纯的心灵才能感受到正能量，而自私的心看见的只是复杂、混沌。

- 从想要开始真正创造的那一刻起,最重要的就是信任自己,也就是要有自信。

- "每一天都极度认真"——这句话非常简单,却是人生最重要的原理原则。

- 专心致志于一行一业,不腻烦、不焦躁,埋头苦干,你的人生就会开出美丽的花,结出丰硕的果实。

- 利他。凡事为他人着想,换位思考,事情总会出奇的顺利,内心也平静和充实。

- 生命精进的具体路径:在每一个岗位上实现收益最大化,费用最小化。

- 要取得事业和人生持续的成功,有两个条件:第一,你先要做一个好人;第二,你必须付出不亚于任何人的努力。这样就会实现自助、人助、天助,你自身的潜力可以充分发挥,你周围的人由衷地支持你,你的成功将不可阻挡。

- "愚直地、认真地、专业地、诚实地"投身于自己的工作,长此以往,人就能很自然地抑制自身的欲望。此外,热衷于工作,还能镇住愤怒之心,也会无暇发牢骚,而且日复一日努力工作,还能一点一点提升自己的人格。

- 工作最重要的目的在于通过工作来磨炼自己的心志、提高自己的人格。就是说,全身心投入当前自己该做的事情中去,聚精会神,精益求精。

……

这些价值观,无不体现着稻盛和夫的人格魅力。

只要你的价值观有了定见，并充满正能量，而且始终在自己的生活和工作中贯彻它，就能形成自己的个性标签。那什么样的价值观可以作为个性标签呢？

这里完全可以把稻盛和夫的价值观，作为自己选择价值观的参考。

价值观，说到底来自做人做事。我们在性格个性标签库和接下来要讲的价值观个性标签库里，为你提供了大量参考选项，而稻盛和夫的价值观，刚好可以补充更多做事方面的价值观。

路径三：道德修养

举世公认的道德规范，是全人类共同追求和维护的价值观。简单地说，这些价值观就是真善美。

看过迪士尼电影的人都知道，无论是《白雪公主》还是《灰姑娘》《花木兰》，它们的主题都是真善美战胜假丑恶。这种电影充满爱、快乐、信心和希望，总能给人带来力量，深受大众认可。要是能在道德修养层面塑造出个性标签，一定会让你变得超级有魅力。

说到道德层面的标签，有个人一定绕不过去。他就是几乎人人都知道的关羽。他的"忠义"标签，在中国文化中成了一个超级符号。

关羽的影响力到底有多大？在我看完《我遇关公》这本书后，被深深地震撼了。该书作者就是1994版《三国演义》中关羽的扮演者陆树铭，也许因为他是扮演者，所以他对关羽的了解，要比我们很多人都更详细。

在他的书中，我看到关羽的影响力是穿越时空、穿透社会阶层和文化圈层的。书中写道："20多年我走南闯北，接触过很多普普通通的老百姓，也接触过很多艺人、学者、官员，发现他们发自内心崇拜关公。

"老人们更多从戏曲或民间小说中记住关羽，年轻人在电视或者电脑游戏里知道这个人物。关公信仰有个非常奇特之处，儒释道各有神明，但都供奉关公；群行百业各有神明，也都供奉关公；世俗民间各有神明，同样信奉关公。

"作为汉末一将，关羽生前得到的评价，总体上来讲并不显赫。'大意失荆州''败走麦城'是他给我们留下的历史教训。然而千载之后，他却可以傲视群雄，成为整个中华民族'护国佑民'的神。

"关羽那充满英雄传奇的一生，被后人推为集'忠''信''义''勇'于一身的道德楷模，'县县有文庙，村村有武庙'是中国封建社会各界普遍祭拜孔子和关公的真实反映。

"孔子虽然修成正果，成为'至圣先师'，但毕竟是人间的圣人，关圣人却步入了仙界神界，成神成帝，其无边的法力就远非孔子可比了。据有关资料记载，在宋元明清社会中，对'武圣关公'崇拜的虔诚和普及，超过了被人们盛赞为'千古一圣'的孔子。有人假设，如每县设一座孔庙，清代全国的孔庙也不过3000余座；而每村建一座武庙的话，那么清代全国的关公庙宇竟达30余万座——关公庙数竟是孔子庙数的100倍!

"在众多信仰中,唯独关公信仰超越民族、宗教、阶层和国界,贯通中华文明。"

现实中,在道德方面拥有标签符号的人,比如甘地、戴安娜王妃、曹德旺、古天乐等,同样深受大家的敬仰。

可见,拥有真善美价值观的个性标签,它的穿越力和穿透力是无穷的。它甚至可以让你从人变成神。如果你想打造一个超级个人品牌,那么,可以考虑利用价值观作为自己的个性标签。

那么,哪些价值观可以作为自己的个性标签呢?

这里,给你提供一个价值观个性标签库供你参考。

价值观个性标签库:仁爱、善良、诚实、诚信、忠诚、平等、正义、宽容、感恩等等。

讲到这里,我们对个性标签策划路径,已经有了非常清晰具体的认识。那么,接下来,不管你想从哪个路径入手来打造自己的个性标签,你都得把自己的个性梳理清晰。

具体如何把自己的个性梳理清晰呢?

你可以通过个性标签梳理工具(表3-1),来找出或者设计自己的个性标签。

表3-1　个性标签梳理工具

个性	已有的	想要的
性格		
价值观		
道德修养		

首先，你把自己关于性格、价值观和道德修养的关键词（已有的、想要的）都填写到表格中。然后，你思考一下自己最想要凸显什么样的个性，选择哪个路径打造自己的个性标签，就从表格中挑选出该关键词，作为自己的个性标签。

当然，如果你觉得自己通过多个路径，都可以打造出个性标签，那你也可以给自己设计多维的个性标签，比如：活泼、认真、诚实等。但一个路径里最好只选择一个个性来打造，其他的让它自然存在就好。

到这里，关于个性标签策划也讲完了，也就是说，你想要给自己立的标签，都有了明确的定位。至此，打造个人品牌就有了一个完整的个人标签。下一节，我们就来探讨一下标签的由来和使命。

第三节
标签的使命是传达个人品牌定位

为了帮助读者更好地理解,在开始讨论标签的由来和使命之前,我们先把前面讲过的内容简单地梳理一下:标签,即个人标签,包括功能标签和个性标签;个人品牌定位,包括定位策划和个性标签策划两个板块的内容。

说到标签,好像很多人都知道,可是当你认真地问他:为什么给自己贴上这个标签?也就是说,你的这个标签是怎么来的?你想通过它传达什么?传达这些希望达到什么目的?又有很多人回答不上来。

据我了解,大多数人的标签都是拍大腿确定出来的。至于为什么给自己贴上这个标签,想要传达什么,传达的意图或作用到底是什么,他们都没完全梳理清楚。

说实在的,如果你对自己的标签认知这么模糊,我敢说你给自己贴的标签很可能是"自嗨"——受众/粉丝对你的标签无感。也就是说,你的标签没能对受众/粉丝产生你想要的影响。再直白一点,就是他们对你提供的产品或服务,没有成交或合作的意愿。

这就说明你给自己贴的标签，对你的个人品牌打造，没有起到它应有的作用。

那怎么办呢？

现在我们就来理清标签的由来，弄明白标签究竟要传达什么，即标签的使命。一定要明明白白地让标签为打造个人品牌的意图服务，绝不能稀里糊涂地把标签贴在自己身上。

（一）策划是幕后工作，标签是台前展示

首先一定要明白的是，标签绝不是拍大腿就能确定出来的。真正能对受众/粉丝产生影响力的标签，一定是经过精心策划的。功能标签如此，个性标签也一样。

要知道，市面上那些响当当的品牌，都是花巨额咨询费，请咨询公司策划出来的。比如，西贝莜面村的老板就花了上亿咨询费，来回折腾自己的餐饮品牌定位。"西贝莜面村"的品牌名称，先是改成"西北民间菜"和"西北菜"，不到一年时间又改成"烹羊专家"，最后还是改回原来的"西贝莜面村"。

这说明，不是拍大腿就能经营好企业，打造出自己想要的品牌。如果都那么简单，何必花巨资请咨询公司呢？

其实，我们看到的优秀品牌，只是幕后精心策划之后，在台前展示出来罢了。同样，一个能对受众/粉丝产生影响，并对你个人品牌打造起作用的标签，也需要通过幕后策划，才能把它展示到台前。

换句话说，我们的个人品牌标签，是通过策划构思创造出

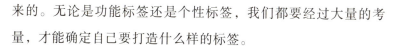

来的。无论是功能标签还是个性标签,我们都要经过大量的考量,才能确定自己要打造什么样的标签。

讲到这里,你应该明白,为什么我们前面会花那么多时间,做定位策划和个性标签策划。显然,就是为了让台前展示出来的标签,能够有力地为我们打造个人品牌服务。这也就是前面那些幕后工作的意义所在。

当然,这只是标签由来的外在联系。

在我们打造个人品牌的过程中,受众/粉丝看不到我们的策划工作,他们看到的只是你展示出来的标签。所以,我们想要给受众/粉丝传达什么,希望对他们产生什么影响,就要通过标签把所策划的内容展示出来。这也就是标签与定位的内在联系,是我们探讨标签由来的主要目的。

当然,此时的标签就是你实际使用的标签。那么,定位策划就体现在功能标签上,个性标签策划就体现在个性标签上。通过自我介绍或自媒体签名,向受众/粉丝传达我们所要传播的信息,最终达到影响受众/粉丝的目的。

我们知道,一个人的标签有时候是被别人贴上的,这往往是我们自己无意识造成的。而打造个人品牌,是我们为了给自己贴上一个自己想要的标签。这时候,只有当这个标签传达出的信息与受众群体所接收到的信息一致时,你才能得到自己想要的标签,才不至于被别人贴上乱七八糟的标签。

所以,准确地传达出我们所策划的内容,就是标签的使命,即标签的使命是传达个人品牌定位。换句话说,标签的使命就是把你个人品牌的定位信息,准确地传达给你的受众/粉丝。

那么,标签的使命具体有哪些呢?

(二)使命一:我是做什么的

标签的第一个使命,就是要让受众/粉丝知道"我是做什么的"。就是在你的标签中传达出你的社会角色,比如,顾问、导游、运营官等等。这个比较好理解,也比较容易做到,基本上每个人的标签都有体现。

但在你所在的行业领域里,有千千万万个人跟你做一样的事情,换句话说,受众/粉丝即使知道你是做什么的,那又如何?人家可能根本就不感冒。

从商业角度看,这就叫同质化竞争。大家对同质化的东西向来迟钝。所以,还要传达出你在某一领域里跟同行有什么不同。只有与众不同,才能引起大家的注意和兴趣,别人才有可能关注你。

(三)使命二:我做得有何不同

所以,标签的第二个使命,就是要传达出"我做得有何不同"的信息。不同,让你从同质化中脱颖而出,比如早期郭德纲说相声,一上台就是一句"我是非著名相声演员郭德纲"……这样一来,在观众心目中郭德纲就变得与众不同,从一大波相声演员中脱颖而出。

"我做得有何不同"这点在很多人的标签中都没有体现出

来，就算有也很牵强。要么言过其实，要么空洞无物。不知道你有没有注意到，现在很多人，喜欢在自己的标签上加上"宝妈"的字样，比如"二宝妈张三"。

这样的标签是有些不同，可是打造个人品牌，是为了更有效地对接业务，会有人关心你有几个娃吗？应该不会太多。即使有人关心，那也得等你有了一定的知名度之后。

不过，具体如何与众不同，我们在个人品牌心智定位中，已经给出了很多方法，让你"与众不同"应该没问题。但要影响受众/粉丝并不容易，有时候光有不同还不够，你需要把产品/服务效果通过标签传达给自己的受众/粉丝，这样才能更好地说动他们。

（四）使命三：我做得怎么样

说动受众/粉丝就是要让他们知道"我做得怎么样"。所以，标签的第三个使命就是要传达出你所提供的产品/服务，解决问题的效果如何、口碑怎么样，或者在行业中的地位如何等信息。

比如在某某舞台上，主持人介绍说"下面登台的是张三，××第一人/冠军得主……"，如果你听到这样的介绍，是不是就会觉得这个人应该有两把刷子？

传达"我做得怎么样"的信息，说白了，就是要让人一看就知道你牛，是个有价值的人，起到说服受众/粉丝的作用，从而赢得竞争，最后让他们跟你成交或合作。这其实是所有商业活动的最终目的，没有达成这个目的，一切都毫无意义！

以上这三个使命，就是功能标签的具体使命。简单地说，功能标签使命需要传达出"我是做什么的"、"我做得有何不同"或者"我做得怎么样"的信息（图3-2）。

> 功能标签=做什么+有何不同/做得怎样

图 3-2　功能标签使命

（五）使命四：我有何个性

标签的最后一个使命，也就是个性标签的使命，是要传达出"我有何个性"的信息。这个比较简单，就是要在标签中体现你是一个什么样个性的人。

比如一个人不仅善良、诚实，还很幽默。有这样的个性，不管他走到哪里，都会非常受欢迎。如果他要开展什么业务，一定会比别人轻松很多。

传达个性，是为了向受众传达这样的信息：自己除了冷冰冰的业务之外，也是个有温度、有魅力的人。毕竟人与人之间，更多的时候是因为喜欢你，才跟你有业务方面的往来。

根据个性标签策划，我们知道，个性标签所要传达的是"我有何个性"的信息（图3-3）。

图 3-3　个性标签使命

不过"我有何个性"在自我介绍时,不太好展示出来。主要是亲口说出"我有何个性",夸耀自己如何优秀,显得不太合适。比如,你给自己策划的个性标签是善良,就不太好直接说我是个善良的人、我是个好人之类的,说起来总是有点尴尬的感觉。你看陈光标一直说自己是好人,就有人觉得他太高调。

总之,当面展示个性标签,需要认真斟酌。

个性标签更多的是通过自己的一言一行、一举一动展示出来,然后让受众/粉丝解读出你的个性。当然,这个解读肯定要与你给自己策划的标签一致,否则就是传达失败。

虽然,"我有何个性"不太好直截了当地说,但是,可以在自媒体的签名中写出来,让受众/粉丝"看出"你的个性;还可以通过故事展示出来,让受众/粉丝"听出"你的个性。关于故事展示个性的具体内容详见第七章。

那么在实际操作当中,标签如何准确地表达出你的品牌定位,完成好它的使命呢?

下一节我们继续讨论。

第四节
标签如何准确地表达出你的品牌定位

弄明白了标签的使命,也就知道了标签的底层逻辑,这样我们对标签就有了深刻的认知。那么,接下来就要考虑,在实际使用当中,标签具体该怎么写,才能准确地表达出你的品牌定位。

其实,我们从标签的使命中可以看出,具体该怎么写标签,对个性标签来讲并不难,需要的话,直接写出所策划的内容即可,难的是功能标签。因为功能标签存在更深层次的底层逻辑,即"我做得有何不同""我做得怎么样",这不是轻轻松松就能呈现出来的。

所以,这一节我们重点探讨一下功能标签具体该怎么写,才能体现出关键信息"我做得有何不同"或者"我做得怎么样"。

这里提供三种写法,让你准确地表达出自己的品牌定位,即把个人品牌定位策划中的构思,进一步"翻译"成能够影响受众/粉丝的信息。

(一)方法一:表达特性

什么是表达特性?

所谓表达特性,就是在标签中写出你差异化的关键词。也就是你在给自己写标签的时候,要表达出你的特性信息,告诉受众/粉丝,跟别人相比"我做得有何不同"。

当然,这个差异化的关键词,不是信手拈来,而是从心智定位中,你给自己所策划的"不同"中来。

比如通过创造不同,你给自己创造出了与众不同的品类。像董宇辉、毕加索、李玉刚那样,具有融合、极简、反差之类的特性。那么,你的标签就可以这样写:张三,知识带货主播;张三,抽象画家;张三,反串演员;等等。

我们知道,这些与众不同的特性,是我们给自己创造的一个"唯一"的心智定位。这种唯一性,就能很好地影响你的受众/粉丝。

现在是不是感觉在标签中表达特性很简单?这样表达不仅好上手,关键是标签表达出了你的定位和影响力。

(二)方法二:表达成果

什么是表达成果?

所谓表达成果,就是在标签中写出能说明成果的关键词。换句话说,就是在你的标签中,呈现出你的产品或服务所取得的成果信息,比如一些相关数据、案例等,告诉受众/粉丝,跟别人相比"我做得怎么样"。

比如，你拥有百万粉丝；获得过一个国际认证；写出过一本畅销书；等等。那么，你的标签就可以这样写：张三，百万粉丝婚姻律师；或者张三，国际认证健身教练；或者张三，某某畅销书作者；等等。

这些标签中的"百万粉丝""国际认证""畅销"都是说明成果的词，是成果的最好证明，相信当受众群体看到这些信息时，就可能成为你的粉丝，或者跟你成交、合作。

所有的产品或服务，最能说服消费者的是它们能解决实际问题，能给消费者带来安全感。所以，只要你的产品或服务取得过成果，就可以大方地把它们展示出来，没有什么比这更有说服力了。

（三）方法三：表达地位

什么是表达地位？

所谓表达地位，就是在标签中写出具有地位信息的关键词。也就是你在写标签的时候，将那些能代表你在某个领域中的地位的信息呈现出来，即你在行业/领域中的排名、职业头衔等，这些信息都间接透露出"我做得怎么样"的意思。

比如，如果你在某个领域里是创造者/领跑者/头部，那么你就要考虑带有行业排名含义的关键词——创始、原创、首创、第一人等。这样，你的标签就可以这样写：张三，抽象画创始人；或者张三，个人品牌定位"金三角"原创者；又或者，张三，知识带货第一人；等等。

我们知道，这些代表第一的词汇，就是我们在心智定位中给自己策划出的各种"第一"。它们都是最容易进入心智的，对你的受众/粉丝的影响不言而喻。

另外，如果你不是什么创始人、原创者、首创者、第一人等，这个时候写标签就可以用职业头衔或企业名气来表达你的地位。而且相对来说，标签这样写更简单，也更常见，只要有样学样，基本上都写得出来。非要说得高深一点就是，学会洞悉社会共识，借助社会和平台影响力来给自己加分。

比如，你是专家、教授、经理、行长、校长、会长、传承人、首席等，那么，你的标签就可以这样写：张三，某某专家；或者张三，某某教授；或者张三，某某公司经理；又或者张三，某某第十一代传承人；等等。

比如，你的工作单位是百度、阿里、腾讯、字节跳动等头部企业，那么，你的标签就可以这样写：张三，百度技术总监；或者张三，阿里运营总监；又或者张三，腾讯产品总监；等等。

这些头衔，在社会中存在一种普遍的共识：只要人们看到这些头衔，就会不自觉地在心里评估这个人有"几斤几两"，或者说，它们在人们的心智中就是很厉害的代名词。有了这种社会共识，你就很容易被人关注和认可。

总之，在标签中表达地位，给人权威感，就具有吸睛的力量和说服的作用。

需要说明的是，标签中所表达的任何信息，都必须有事实依据，也就是我们将在第八章中讲到的信任状。如果没有信任状做支撑，你的标签就成了骗人的"包装"，这种做法不可取。

第四章

个人品牌取名策划

CHAPTER 4

在社交场合，你是否遇到过这样尴尬的情形？

就是你想要认识一个新朋友，可在他向大家做自我介绍的时候，你没记住他的名字，当你上前想跟他认识时，你只好先尴尬地询问他如何称呼；或者想认识你的朋友，上来第一句话却是："不好意思，刚刚没记住你的名字，请问怎么称呼？"

当一个人想认识新朋友时，却不知道该怎么称呼对方，恐怕会让对方觉得不被尊重，从而影响彼此成为朋友，这是一件尴尬的事情。

如果我们连自己的名字这么重要的信息，都无法让别人记住，那何谈打造出自己的个人品牌呢？

所以，打造个人品牌，我们需要取一个让人能快速记住的好名字。

第一节
一个好名字，成就你的个人品牌

名字，是每个人为自己创造的一种特殊符号，用来表示我是谁，平时只是作为一个符号被人称呼使用。

当我们打造个人品牌时，名字被赋予了更多的意义。此时，它不仅仅是一个个体简单的代称，而是包含了许多无形的价值。它所承载的内涵和传播作用，都将被转换成价值来看待。

直白一点说，一个名字，如果具备好读、好听、好记、好识别、好传播等要素，那么，在打造个人品牌时就更容易走红。最后，这个名字就会变成一种无形资产，一个无形的提款机。那这个名字的价值，就远超我们平常所理解的名字了。

这时候，一个人的名字，跟公司或产品的名字一样，虽然不能直接赚取利润、创造有形的价值，但可以间接创造价值。有人说，有时名字所创造的价值，甚至比厂房、机器、设备等有形资产所创造的价值大得多。

所以，一个好名字，就是一种生产力。它对你打造个人品牌起着至关重要的作用，甚至可以说，一个好名字能成就你的个人品牌。

你可能会觉得有些言过其实:有这么重要吗?那我们不妨一同来分析一下。

(一) 名字的威力

在注重品牌效应的领域,拥有一个好名字已成为大家的共识。无论是企业、产品、演艺人员,还是某一个地方,为了拥有一个好名字都有过改名的经历,而且改名后大都取得惊人的效果。

要说国内改名最成功的一个品牌,那非宝马莫属。宝马当年刚进入中国的时候,不叫宝马,而是叫巴依尔。

怎么样?这名字是不是没什么感觉?是的,大家对这个名字没有特别的好感。所以,当时巴依尔在国内的知名度并不高,没几个人知道这个汽车品牌,当然,它的销量也就可想而知了。

后来,宝马公司意识到了"巴依尔"这个名字太拗口。关键还不本土化,一点都不接地气,于是宝马公司就把"巴依尔"改成了"宝马"。这么一改,还真是神来之笔——宝马立马变成了成功人士的标志。

从此,宝马在中国迅速有了知名度。它的受追捧度超越一众同行,成为当时豪车的代表,开宝马也成了中国人的一种身份象征,直到今天,宝马依然是受中国消费者追捧的汽车品牌之一。

为了走红,娱乐圈里的演艺人员,对改名更是乐此不疲。现在我们所熟悉的明星当中,很多人当年都改过名字,一抓就是一大把。当然,他们改名后确实都红了,不然我们现在可能就不认识他们了。

常常有人说"慕名而来""慕名前往",其实,这就是名字的威力所在。所以,拥有一个好名字的好处显而易见,哪怕是花钱也值得。

那么,一个名字的威力到底有多大?

其实,一个好名字所带来的价值,也许我们无法准确地估算;但一个糟糕的名字所带来的破坏,是一目了然的。

2020年,美国非裔男子乔治·弗洛伊德被白人警察暴力执法而死的事件,在全球范围内引发了反对种族歧视的风暴,而这一浪潮也波及了一些商业品牌。

其中,黑人牙膏就是一个被波及的品牌。作为一代人的记忆,黑人牙膏已经给中国消费者留下了深刻的品牌印象。但是,黑人牙膏母公司就此事做出回应,称将重新全面评估审查旗下黑人牙膏品牌,并对其名字、标志和包装进行实质性变更。

简单地说,这次全球反对种族歧视风暴殃及了无辜,黑人牙膏不幸成了其中一员,所以"黑人"这个品牌名称就不受待见,成了一个糟糕的名字,使得它不能再作为一个品牌名称使用。黑人牙膏母公司为迎合市场,只好把黑人牙膏品牌名称从"黑人"改成了现在的"好来"。

一个糟糕的名字,对品牌来说,有时候打击简直就是毁灭性的,辛辛苦苦、投入巨大成本积累出来的品牌,可能瞬间归零。像"黑人"这样的名字,存在种族歧视方面的潜在风险,就像一个定时炸弹，随时都可能带来毁灭性破坏。

另外，一个名字，如果它生僻、复杂、难懂、拗口，同样难以造就一个品牌，比如"蝌蚪啃蜡"。

"蝌蚪啃蜡"和"可口可乐"，这两个名字你喜欢哪个？相信大多数人会选择后者。如果当年可口可乐不把自己"蝌蚪啃蜡"这个名字改成"可口可乐"，恐怕也难以在中国取得今天的成就。

总之，一个好名字不一定就能定乾坤，但一个糟糕的名字一定无法打造个人品牌。

（二）品牌=名字

名字就是品牌信息的载体。企业的研发、生产、营销推广、管理等所有经营活动，最后都沉淀在这个名字上，所以毫不夸张地说，品牌＝名字。

从消费者角度来说，从认识到认可一个品牌，都是通过这个品牌的名字来识别它、选择它、传播它，不会通过其他的东西。他们不会关心研发成本有多高，生产难度有多大，推广需要投入多少人力物力财力，等等。

个人品牌打造，同样是这样。你的一言一行都沉淀在你的名字上，你表现好的、不好的，你的受众/粉丝都会一五一十地帮你记录下来，并记在你的名字上。

最后，在他们的心智中形成对你的认知，如果综合印象好，他们就会记住你的名字，那么，这也就意味着你的个人品牌打造成功；当然，如果综合印象不好，他们也会记住你的名字，只是在他们进行相关消费选择的时候，不会选择你。

作为消费者，我们其实都不自觉地在暗中"观察"着企业的经营活动。回想一下，你是不是在一个品牌方方面面的经营活动中，慢慢地积累起对它的好感？

比如它的包装让你喜欢、它的品质让你认同、它的广告让你很有感觉、它不偷税漏税的作风让你竖起大拇指、老板的行为让人感动……

2021年夏天，鸿星尔克被大家狠狠地"野性消费"了一回。原因是那年河南水灾，鸿星尔克的老板在企业年亏损超2亿元濒临倒闭的情况下，还捐赠了5000万元物资赈灾，感动了大家。

这个善举，无论是有意的还是无意的，消费者都把它记录在了鸿星尔克这个名字上，最后转化成对它的消费。

所以，品牌到最后就是一个名字。既然名字如此重要，你当然需要一个好名字来承载你的品牌。

（三）名字=成本

打造个人品牌和产品品牌，都离不开传播，只有不断地传播，才能提高品牌的知名度，才能慢慢地打造起一个好品牌。

而传播最直接的关联者就是名字。一个名字的传播难易，决定着传播成本的高低。好名字就比较容易传播，它的传播成本就较低；反之，糟糕的名字就比较难传播，它的传播成本就会很高。从这个角度看，名字好坏与传播成本息息相关，所以说名字就等于成本，一点也不为过。

如果你的个人品牌名字，一说别人就记住了，那么你的传播成本显然就低；如果你的个人品牌名字，告诉别人十遍八遍，人家都记不住，那么你的传播成本自然就高。

《超级符号就是超级创意》这本书里讲过，有社会学家还专门研究过这个问题：名字越简单，越容易成功。比如Bill（比尔），要么当美国总统，比尔·克林顿；要么当世界首富，比尔·盖茨。

换句话说，越简单、越容易传播的名字，就越容易获得成功。

一个好名字，应该是理解成本低、记忆成本低、传达成本低，只有这样它才能真正做到低成本传播。一看就明白，一听就记住。只有拥有这样传播成本低的好名字，才能更好地帮助你成就自己的个人品牌。

可见，一个好名字，对于打造个人品牌有多么重要。

第二节
真正的好名字是人如其名

既然一个好名字对你打造个人品牌起着至关重要的作用，甚至还能成就你的个人品牌，那么，我们打造个人品牌时，肯定要给自己取个好名字。但是通常所说的好名字，在我看来还谈不上真正的好名字。

那什么样的名字才称得上是好名字呢？这一节我们就来讨论一下这个问题。

（一）被记住才是根本

过去取名字是为了吉祥如意，现在取名字是为了名扬四海。

一个好名字，除了能承载正面信息外，一个重要的标准就是能被快速地记住。就是在芸芸众生中，你独特的名字能迅速地抓住受众/粉丝的眼球、钻入他们的耳朵、挑动他们的记忆神经，然后在不知不觉中被他们记住，这才是你取名字的根本目的。

无论打造产品品牌还是个人品牌，名字被记住才是一切的开始。很多人都有过这样的经历，偶然间刷到一款衣服、一本图书、一首歌、一部电影、一个地方……觉得很不错，却忘记收藏也没有刻意记下。突然有一天需要它们的时候，却怎么也想不起它们叫什么名字，你无从查找，最后不得不放弃。

这对供需双方来说，都是莫大的遗憾。如果它们有能被轻松记住的名字，那么这样的遗憾可能就不会发生了。

假如你是供应方，做的又是大买卖，但你的名字，大部分受众/粉丝都记不住，那这里面的损失该有多大！

我们打造个人品牌，无非是为自己创造更多的机会，要是连你的名字都没被记住，那么后面美好的事情都不会发生。所以，我们打造个人品牌，让自己的名字被记住才是根本。当然，要想被快速地记住，前提是你的名字要好记。

（二）传统好名字只是基础

传统取名字，被强调最多的就是，名字要简单、好读、好听，不要用生僻字，字数要少等等，其实，这些只是好记的基础。

说实在的，就算按照这样的要求取个名字，有人依然记不住。为什么呢？

因为再简单、再好读、再好听，大多数名字都还是一个抽象的概念。你就拿自己的名字看看，是不是都是几个简单的字，也好读、好听，那你的名字是否会被快速地记住？

众所周知，我们人类不擅长抽象记忆。所以，我们通常把抽象的东西变得形象来帮助我们记忆，也就是形象记忆。把文字转换成图像，就是这种记忆方式。

形象记忆又称体验记忆，它通过感知客观事物的具体形象来获得对事物的记忆。比如，我们的视觉、听觉、味觉、嗅觉和触觉这五种感官，都能对鲜明直观性的事物产生印象或记忆。

要说记忆，体验最容易产生记忆。所以我们亲身体验过的事物，就比较容易记住。比如看过什么、吃过什么、玩过什么、做过什么，这些印象和记忆远比从书上看到的来得深刻。

那么，如何让名字变得好记？现在答案就浮出水面了，那就是用形象记忆来解决名字好记的问题。

对于个人取名来说，就是要做到人如其名！

（三）真正的好名字：人如其名

如果你见到一个人，他的名字，跟他的外表或表现出来的东西如出一辙，那么你是不是会不自觉地记住他的名字呢？

是的，我们就是这样在不经意间记住一个人。而且等你哪一天需要他的时候，一下子就想起他的名字，连自己都感到惊讶——印象居然会这么深刻。

比如，一个白白胖胖的小伙子跟你自我介绍说，我是白小胖……然后你看着这个站在自己跟前一脸憨笑、白白胖胖的人，你说你能记不住他的名字吗？相信很多人都记得住。

这就是人如其名的力量。所以，真正的好名字要人如其名。

你想想看，为什么文学影视作品中塑造出来的人物，大都让我们印象深刻呢？很重要的一个原因就是这些人物都人如其名，形象生动。

《熊出没》这部系列动画片，很多人小时候都看过，剧中的主角光头强，大家都印象深刻。光头强，这家伙亦正亦邪，聪明能干，加上他的光头，简直就是活脱脱的人如其名。

生活中也是这样，往往一个人的绰号更好记，甚至我们都已经忘记他的原名，却一直记得他的绰号。原因就是我们创意性地为他取了一个能展现他个人特质的名字，而且这个名字有记忆点。

如果你打造个人品牌，让人看着人如其名，那还愁他们记不住你吗？

其实，人如其名，不仅好记，而且还具备好识别、好传播的优点。

什么是人如其名？我们这里是指，一个人的外表或表现出来的东西与其名字的内涵一致。

这样，一个人的名字，就变成一个形象的符号，而不再是文字。如此，我们就把抽象记忆变成了形象记忆，符合人擅长形象记忆的天性，从而让自己的名字变得好记。

知道了什么是所谓的人如其名，那么，接下来我们就可以开始为自己策划一个人如其名的好名字了。

第三节
个人品牌取名"三维法"

平常有时间我就喜欢看一些音乐综艺节目,在看《我们的歌》第四季的时候,有一期,杨丞琳和许靖韵两组在取组名环节,因迟迟不能为自己的组合取一个好名字很是苦恼。那时候,我真想给她们献上自己的取名"三维法"。

取名是一件伤脑筋的事,取一个好名字更是。

现在我们已经知道,真正的好名字要人如其名。当一个好名字有了清晰的界定,就意味着取名这事已经成功一半了。

那究竟如何才能取一个人如其名的好名字呢?

这里我把取名独门绝技——个人品牌取名"三维法"介绍给你,帮助你轻松地为自己取一个人如其名的好名字。

在开始之前,请跟我一起思考一下:一个人身上,你最能感知到的东西是什么?

外在?才能?还是他的个性?

没错!一个人身上,我们最能感知到的东西就是这三个维度(图4-1)。

图4-1 感知三维度

这三个维度,通过眼睛观看、交往相处、合作共事,不自觉地就能感知到,不需刻意做什么。所以,我们从这三个维度切入来取名,所取的名字就天然具备进入他人世界的功能。我把这个思路叫作个人品牌取名"三维法"。

当然,一旦找到切入点,就等于找到了取一个人如其名的好名字的钥匙。

在这三个维度中,你只要有一个维度表现够突出,并用它来设计自己的名字,那么,这个维度就能帮你取一个人如其名的好名字。因为突出的东西不仅容易进入人们的视野,被快速感知到,而且也容易让人印象深刻,这时再跟你的名字一联系,人们自然就会对你产生人如其名的印象。

当然,有的人可能会没信心,觉得自己哪儿都不够突出。这时你就要明白,这三个维度除了天生以外,更多的是通过后天刻意塑造出来的,说到底我们的策划就是为了凸显自己。比如前面讲到的优势定位、个性标签策划,以及下一章将要讲到的视觉锤,就是通过挖掘、取舍、设计,在你打造个人品牌的过程中不断加以强化，最终变得突出。所以，不用担心找不到突出的地方。

这样取的名字，就会强化你个人品牌的定位、个性或视觉锤；反过来，你的优势定位、个性、视觉锤越突出，就越能强化你的名字，让你更加人如其名。

等你看完全书就会知道，个人品牌策划是一个环环相扣的系统，各个符号之间都存在这样相互强化的关系。时下大家做事都希望能产生复利，那么，我们个人品牌策划的每一个动作，在打造过程中都能为你带来复利。

接下来我们就逐一讲解各维度，取一个人如其名的好名字。

（一）外在维度：赤发鬼

首先，我们从外在维度开始讲解。

人与人打交道的过程中，一个人外在的东西，最先进入别人的视野，因此它最容易被感知到。你外在有什么特点，很快就会被人捕捉到，这也就是为什么会常出现以貌取人的现象，以及存在"外貌协会"的情况。

所以，通过外在来设计名字，人如其名显然是再直观不过了。

比如电影《刺杀小说家》中的"赤发鬼"（图4-2），一头红发，满脸凶煞，而且还叫"赤发鬼"，他一出场，让人瞬间就记住了这个人物。

图 4-2　电影《刺杀小说家》中的"赤发鬼"

简直就是人如其名,你想不记住他都难。看完电影,哪怕电影中的其他角色很快就忘记了,我还依然记得"赤发鬼",因为太形象了。

再比如电影《三毛流浪记》里的三毛,名字是不是很好记?脑门上留着三根头发,取名叫"三毛",外表与名字完全一致。

从外在维度切入策划设计人如其名的好名字,具体就是从自己的长相、身材、穿着打扮这三个方向,找一个或创造一个特点,作为被感知的记忆点,同时也作为名字的核心要素。然后,将这个显著的外表特点,与姓氏或其他因素巧妙地组合成一个名字。这样,一个人如其名的好名字就诞生了。

下面我们就按照这个思路,拿你的外表特点来取个名字。

比如你的长相漂亮,或者帅气,那么就可以取名为"曾漂亮""郝靓妹""马大帅""贾帅哥"等等;再比如你的身材苗条,或者高大,那么就可以取名为"姚苗条""熊高大"等等。前文提到的"白小胖",也是一个外表特点与姓氏相结合的名字。

将外表特点与其他因素巧妙地组合成名字，比如"绿巨人""蜘蛛侠""变形金刚"等等。这些都是人如其名的经典好名字。

当然，这只是设计思路演示，真正要用一个名字作为你的品牌名，还要认真琢磨一下，看看有哪些不妥之处，或者有没有其他更好的组合。比如，姚晨被人叫"姚大嘴"，这名字绝对人如其名。要是你取一个类似的名字，那你就要考虑：自己能不能接受像这样调侃自己的名字，会不会有什么负面作用等问题。

要是长相和身材没有适合取名的点，那么就用穿着打扮这个要素来设计名字。比如朱之文，他的"大衣哥"这个名字，就让观众记住了他。

其实，以穿着打扮作为名字设计的核心要素，要比在长相和身材上做文章，更有创作空间，因为穿着打扮可以人为加工，完全可以创造出千千万万种模样。

比如，你给自己穿上一身白衣服，叫"李白衫"，是不是就人如其名了呢？再比如，你给自己穿上一身黑，叫"黑衣哥""黑衣姐"，是不是又是一个人如其名的名字呢？穿着打扮对于我们设计一个人如其名的好名字，有非常多的可能。

需要提醒的是，以穿着打扮作为名字设计的核心要素，其实就是用下一章要讲到的视觉锤来取名，而且名字与视觉锤还可以相互强化。

有一次偶然刷到陈翔六点半的视频。视频开头，一个头顶蘑菇头的人上来就说："我是蘑菇头，一个loser……"就这样，我的注意力一下子就被抓住了——人如其名哪！

说实在的，他这个设计很有想法，很懂得抓人的眼球和创造记忆点。而且，一个"蘑菇头"，视觉锤有了，名字也有了。这样，不仅一举两得，还相互强化。

如果想拥有这样的名字，你可以结合下一章讲到的个人品牌视觉锤，进行构思策划。

（二）才能维度：小李飞刀

接着再来看"才能"这个维度。

才能是一个人的谋生之本，或是你的知识经验，或是你的技能。如果一个人某方面才能出众，很容易就会被人发现。

因此，以才能来取名字，人如其名也是很直观的，会给人留下深刻的印象。

比如《多情剑客无情剑》里的男主角李寻欢，他行走江湖靠自创的一套刀法——小李飞刀，在他使用飞刀时，例无虚发，只要见识过一遍，就会给人留下极深的印象，并很快记住他。

从才能维度切入策划设计人如其名的好名字，同样是在自己身上找一个或创造一个厉害的才能（这个在定位中已经完成），作为被感知的记忆点，同时也作为名字的核心要素。然后把它跟自己的名字结合在一起，用一个模式来表达就是：名字+才能/才能产品，比如小李+飞刀。这样，一个人如其名的好名字又诞生了。

再比如"张小泉剪刀""麻婆豆腐""秋叶PPT"等名字，

都是把自己很厉害的才能跟自己的名字结合。同时，它们还能呈现出"你是做什么的"传播价值，在线上能凸显你的个人品牌定位，强化功能标签的效果；在线下做招牌也能展示出你的强项和定位。

<u>如果你能把自己很厉害的才能，直接融入自己的名字，那就更是一个活脱脱的人如其名的例子了。</u>

再比如，将人类丰富的表情表现得淋漓尽致的杨迪——"表情帝"；足智多谋、神机妙算的吴用——"智多星"；大辫子能随着自己心意指哪打哪的傻二——"神鞭"。

你看，这些名字，人如其名，是不是都很形象？

不过要说明的是，这个才能一定要源自你的优势定位。

我们知道，才能作为优势定位时，就会表现为知识/技能，或才能转化成的服务/产品，又或是才能带来的身份角色。这样，从才能维度入手取名就有多种表达。

所以，从才能维度取一个人如其名的好名字也不难。有时候，这样的名字还可以跟标签通用，省时省事，比如"六神磊磊读金庸"。

（三）内在维度：及时雨宋江

最后，就是内在这个维度了。

内在主要是指一个人的性格、价值观和道德修养，也就是我们所讲的个性标签内容。一个人身上的这些内在的东西，最终都表现在他的行为上，而行为也是别人最能感知到的部分。

你为人个性如何,人家一眼就看得出来。还真别说,即使写个字也会被人看出个性,所谓字如其人。

所以,以内在来设计名字,人如其名也很直观。只要你跟人打过交道,你清晰鲜明的个性立马就会出现在别人面前,一样让人产生印象和记忆。

比如我们所熟悉的"及时雨"宋江,就是因为喜欢接济他人而得名。他生平只好结识江湖好汉,但凡有人前来投奔,不管什么身份,他都热情接待,且无半点厌倦,来人若要离开则尽力资助;若是有人向他求钱物,他也从不推托。他经常仗义疏财,替人排忧解难,保全他人性命。宋江济人贫苦、救人之急、扶人之困,因此,大家把他比作天上的"及时雨"。

从内在维度切入策划人如其名的好名字,也是在自己身上找一个或创造一个个性,作为被感知的记忆点,同时也作为名字的核心要素。其实现在已经变简单了,因为我们在个性标签中已经把自己的个性都圈定了,你只要把它跟自己的名字/角色等组合在一起即可,同样用一个模式来表达就是:个性+名字/角色。这样,一个人如其名的好名字又诞生了。

比如"三不来教授"这个名字就是个性+角色。黄侃,是我国近代著名语言文字学家、大学者,他在金陵大学任教时,曾和校方立下了一个不上班的约定——"下雨不来,降雪不来,刮风不来",所以人称"三不来教授"。

同样,如果你能把自己的个性,直接融入自己的名字,也将是一个活脱脱的人如其名的例子。

比如公正不阿的包拯——"包青天"、美恶皆言好的司马徽——"好好先生"、老而自乐的冯道——"长乐老",以及"张大胆""剽悍一只猫",这些名字也都是把个性融入名字之中。从名字就能知道这个人的个性如何,别人一听、一想、一看,就能感觉到。这样的名字不仅呈现个性魅力,还具有展示个性标签的功能。

我自己"非病猫"这个名字,也是把自己不屈服于命运的个性融入其中。当时取这个名字,一方面是为体现自己的个性,另一方面也代表我要影响相同个性的受众/粉丝。

第五章

个人品牌视觉锤策划

CHAPTER 5

我们打造个人品牌，无非是为了在某个领域拥有存在感。一个人想要在某个领域脱颖而出，绝非易事。

尤其是在别人完全不认识你的情况下，要在他人眼里有存在感，更是难上加难。除非你天生丽质、英俊潇洒，人们才无法忽略你的存在。但对于多数人来说，既没有靓丽的外表，也没有其他可以吸引眼球的资源，那如何让自己变得有存在感呢？

那就策划设计一个视觉锤，也就是构建你的个人品牌视觉符号，让自己在一众人中一眼就被认出来。

第一节
形象是你出圈的捷径

策划设计一个视觉锤，构建自己的个人品牌视觉符号，我们应该从哪里入手呢？显然，通过自己的形象来构建视觉锤，是最理想的选择。

不过，在探讨如何策划视觉锤之前，我们要重新认识一下个人形象。

个人形象是个既熟悉又陌生的概念。说熟悉，是因为好像谁都知道形象的重要性；说陌生，是因为很多人并不懂得如何通过形象脱颖而出，让它成为自己个人品牌的视觉锤，快速进入受众/粉丝的心智。

为什么这么说呢？

关键是没弄懂个人形象、第一印象、你是谁（个人品牌），跟他人（视觉）之间的微妙关系（图5-1）。

图5-1　个人形象、第一印象、你是谁，跟他人（视觉）之间的关系

一旦厘清它们之间的关系，策划个人品牌视觉锤也就水到渠成了。同时你会发现，这个带有视觉锤功能的形象，其实是一个人出圈的捷径。

（一）第一印象始于视觉

研究表明，我们人类从外部获取信息，80％是通过视觉来完成的。所以，当我们跟别人交往的时候，个人形象就很容易进入对方的视野，同样我们自己也会不自觉地把目光投向对方的形象，然后相互产生对对方的第一印象。

第一印象，简单地说就是指对人或事物第一次接触形成的印象或感觉，比如第一次见面、第一次赚钱、第一次吃榴梿等等，都会给我们留下第一印象。

而且相关研究表明，人与人之间的这种第一印象一旦形成，就在人的头脑中占据主导地位。也就是说对方是什么样的人，第一次见面留下的印象最为深刻，后面的第二、第三次……都会以第一印象作为判断对方的基础依据。所以，心理学把第一印象对人产生的这种影响，称作首因效应。

换句话说，第一印象形成后，就不容易改变。你给别人的第一印象是什么，就变成一个标签，深深驻扎在他们的脑子里。

那么，人与人之间如此刻板的第一印象，具体是如何形成的呢？

从心理学的角度来看，人们通过视觉、听觉、触觉、嗅觉等各种感官，在大脑中形成关于一个人的整体印象。由此可见，第一印象的形成，或是视觉捕捉到的，或是听觉捕捉到的，又或是其他感官捕捉到的，它们在你个人形象的诸多因素中，捕捉到一些特别的因素，构成对你的印象。

具体来说，第一印象是通过一个人的性别、年龄、身材、长相、穿着、打扮、言行、举止、表情，乃至音调、语气等方面的信息判断获得。

这些形成第一印象的因素，也就是我们通常所说的个人形象。

但不得不说，在众多因素中，身材、长相、穿着打扮等外在形象，对第一印象形成起着决定性作用。这是视觉优先的结果，也就是说在人脑感知到的所有信息中，通过视觉获取的信息量最大。

美国心理学教授艾伯特·麦拉宾（Albert Mehrabian）曾经提出一个著名定律，叫"7：38：55"定律。这个定律证明了别人对你的观感，只有7%取决于谈话的内容；而有38%来自你辅助表达这些话的方法，也就是口气、手势等等；却有高达55%的比重取决于你的形象。换句话说，你的话够不够有分量、够不够有说服力，关键还是取决于你的外在形象。

这个定律也能说明我们人类从外部获取信息，主要是通过视觉来完成。这也就是为什么，高富帅、白富美会轻而易举地获得大家的关注，吸引众人的目光。

简而言之，就是你的个人形象中的外在形象，或者说你身上的视觉部分，很可能决定了别人对你的初步观感和认识，也就是所谓的第一印象。

换句话说，这第一印象，往往是在视觉器官与观察对象的外在形象相接触的一瞬间产生的。心理学研究发现，这一瞬间也就45秒，而且最初的3—5秒给对方留下的印象最为深刻。

所以，第一印象更多是开始于视觉。始于你的外在形象，始于他人的视觉，而且是在一个极短的时间内形成的。

这也很好地诠释了今天这个"看脸"的时代。

（二）形象直接体现你是谁

知道了第一印象开始于视觉，对于策划好视觉锤来说还不够。更重要的是，还得知道这个第一印象是在判断一个人的身份角色，甚至是判断一个人的内在涵养，比如大家对马云的印象是天马行空，对王健林的印象是严肃稳重。

也就是说，你给人的第一印象是什么，就意味着你是谁，或者说你的个人品牌是什么样的。

这里我们重点讨论第一印象对一个人身份角色的影响。

虽然通过个人形象来判断一个人的个性确实有点主观，但现实中我们的确是这么做的。人们通常通过一个人的外在形象，判断他是成功人士还是失败者，是富人还是穷人，是好人还是坏人，是能人还是庸人。用《你的形象价值百万》的作者的话说就是，形象决定你的社会阶层。

有人说穿对衣服就像说对了话一样。所以穿着打扮，从某种意义上说展现了你的观点、身份角色之类的信息。换句话说，你的衣服无声地向大家说明了你是一个什么样的人，在做什么样的工作……

不同的角色决定了我们所要塑造的形象，即每个人从事的工作的性质决定了每个人的角色，衣着不同，形象也不同。

所以，无论是哪个行业的精英，都要有良好的形象，来匹配其在公众眼中的最优印象。甚至社会中的每个角色，在公众眼中都有匹配的形象，这是不得不承认的事实。比如，白领——西装革履，蓝领——蓝色工装，艺术家——个性休闲装，等等。

可见，在他人眼里，一个人的外在形象直接体现他是谁。甚至天生丽质、俊朗秀丽、衣着打扮光鲜亮丽的人，总会被人们下意识地添上一些正面的品质，比如聪明、善良、诚实、机智等。你看，外在形象多么重要。

当然，我们讨论这些不是在评判什么，而是为了打造个人品牌，为策划个人品牌视觉锤寻找门道。

既然形象直接体现你是谁，那么，我们就可以把这个逻辑倒过来加以利用。只要改变外在形象，就可以改变别人对自己的第一印象。当然，这里所说的改变外在形象，不是让你去做医美。身材、长相是爹妈给的，是什么样就是什么样。这里所说的改变外在形象是先改变穿着打扮。

改变穿着打扮，就能改变你在他人眼里的第一印象；第一印象始于视觉，一改变就能快速有效地传达给受众/粉丝。所以，从这个意义上说，打造个人品牌，通过形象出圈是一条捷径。

第二节
什么是"视觉锤"

形象确实可以说是一个人出圈的捷径,但并非只要注重形象、提升形象,就能出圈。因为这种思维下的形象改变,大多数还是雷同的,还不能快速进入别人的视野。

那什么样的形象才好出圈呢?

那就是你形象的改变,要成为一个视觉锤。视觉锤是新一代营销战略大师劳拉·里斯提出的理论,她说语言是"钉子",视觉是"锤子",品牌想要取得成功,不仅需要语言"钉子",更需要视觉"锤子",只有在视觉锤的配合下,才能把语言"钉子"钉入顾客的心智中(图5-2)。

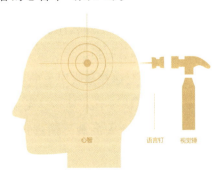

图 5-2 劳拉·里斯的视觉锤理论

那什么是语言"钉子",什么是视觉锤呢?

简单地说,你所要抢占的概念就是语言"钉子",你所经营的品牌视觉符号就是视觉锤。比如可口可乐以"正宗货"为定位时,"正宗货"这个概念就是语言"钉子",它标志性的瓶子就是视觉锤(图5-3)。

图5-3 可口可乐的标志性瓶子

在劳拉·里斯看来,可口可乐在抢占"正宗货"这个概念的过程中,那个以女性身体曲线为设计灵感的原创玻璃瓶子起到了更大的作用,它就是可口可乐的视觉锤,是它把可口可乐"正宗货"的概念植入了顾客心智。

也就是说,"正宗货"这个概念顾客不一定记得,但是当顾客看到这个瓶子的时候,就算没有语言的提示,很多人还是会认为它是正宗可乐。这就是视觉锤的力量。

说白了,就是图像比文字更容易被识别和记住!

同样,我们打造个人品牌时,要让自己的标签这个语言"钉子"进入受众/粉丝心智中,显然也需要一个视觉锤来帮助。所以,我们的形象改变,不是简单的形象提升,而是要让它具备视觉锤功能。

换句话说，只有让形象变成一个独特的视觉符号，它才称得上是个人品牌视觉锤，这个视觉锤才能成为你的个人品牌视觉符号。

那这个视觉锤具体应该是什么样的呢？

简单地说，个人品牌视觉锤需要具备三个条件，也就是在策划视觉符号时，要同时兼顾以下三方面的问题。

（一）外在：视觉第一个触达地

首先，这个视觉符号是外在的。也就是说视觉锤是外在形象，而不是内在形象。所以，我们在策划视觉锤时，要在自己的外在形象上做文章。

在外在形象上下功夫，一是因为外在形象是视觉第一触达地，能影响他人对你的第一印象；二是内在形象不容易呈现，很难在短时间内传达出我们所要传达的信息，比如你的内在形象（个性标签）是"坚强"，就不太容易在形象上呈现出来，并让人在第一印象中捕捉到。

总之，就是外在的东西更容易吸引人们的注意力，同时达到快速抢占心智的目的。这个问题在上一节已经具体讨论过，这里就不再赘述。

根据我们的研究，目前拥有个人品牌视觉锤的知名人士，他们基本都是在外在形象上下功夫，并且做到了与众不同。

在外在形象上设计视觉锤，还有个好处就是有更多的创造空间。比如穿着打扮的元素中，有服装、发型、配饰等等，它们都是人们视觉的第一个触达地，这样，你就可以选择不同的元素进行策划设计。而且每个元素又能产生不同的创意，你看，是不是有很多想象空间供我们发挥呢？

就是说，如果你觉得通过发型创造视觉锤不适合自己，那么你就可以选择服装或者配饰。再加上服装、发型和配饰的变化，又可以给你带来无数的选择。如此，我们总能为自己策划出一个有效的视觉锤。

（二）识别：要让人一眼就认出你来

其次，这个视觉符号要可识别。只有具有高识别度的外在形象，才能让你在众人中一眼就被认出来。如此，外在形象才算拥有了有识别度的视觉符号，才具有我们想要的"锤"的功能（图5-4）。

图5-4 视觉符号要可识别

什么是识别度？

说到识别度，很多人通常会想到品牌识别度，即品牌受众/粉丝的识别、判断程度，或是品牌被识别的概率与被识别的速度，它反映受众/粉丝对品牌的一种认知程度。比如看到金拱门就知道是麦当劳，这就是高识别度的表现。

我们这里所讲的视觉符号识别度，就是你站在人群中，能不能一眼就被认出。

具体来说，视觉符号识别度就好比白纸上的一个黑点、万绿丛中的一朵红花、大海里的一个小岛、沙漠中的一片绿洲、黑夜里的一把火、夜空中的一轮明月、人群里的姚明……瞬间就被识别出来。

换句话说，就是你的外在形象，与众不同到几乎跟别人完全不一样。你像是在一片"背景色"的衬托下，显得格外突出，如同一个"异类"般的存在，这才算是可识别。如果你的视觉符号能做到一眼就被认出，让人过目不忘，那么就意味着它具有了我们想要的"锤"的功能。如此，你的个人品牌打造也就成功了一半。

你可能会觉得这很难做到。其实，有的人留着长发就会有识别度，或剃个光头也会有识别度。比如葛优、郭冬临，只要他们不撞在一起，他们都有明显的识别度，他们亮锃锃的脑袋，在一群黑发的人群中，就显得特别出挑，我们一眼就能认出他们。

（三）锚定：依然要锁定定位

最后，这个视觉符号要能锚定个人品牌定位。因为形象直接体现你是谁，如果你的视觉锤偏离了你的定位，那么别人很可能不知道你究竟是"谁"。如此，就背离了我们定位的初衷。

但要注意的是，在策划视觉锤的时候，很可能找不到能直接体现个人品牌定位的视觉符号，因为直接体现定位有难度。比如你的个人品牌定位是某个细分领域的第一，那么你很难将这个"第一"体现在视觉锤上，一是设计有难度，二是也不太合适。

如果你强行把这个"第一"印在衣服上，这么一印，你的衣服就成了广告衫。我们都知道，广告衫通常被认为是没品位、没档次的衣服，大家都不太愿意穿它。

你要是不介意，把它穿在身上，很可能就"搅浑"了你的个人品牌定位。因为别人看你是一个形象，而你给自己的定位其实是另一个形象。这是不是适得其反？

所以，我们在策划视觉锤的时候，不管能不能找到直接体现个人品牌定位的视觉符号，都不能为了视觉锤，破坏你的个人品牌定位。总之，不管设计什么花样都不能影响定位。

从个人品牌定位和视觉锤二者的层次来看，个人品牌定位是战略，而个人品牌视觉锤则是战术。因此，不管你怎么策划设计战术，都不能削弱你的战略。也就是说，视觉锤要始终锁定定位。

那么，该怎么锁定定位呢？

从角色维度来锁定。因为不管你做何定位，最后都是一个角色，而且对每个角色人们都有固定的形象认知。

那又该如何用角色来锁定自己的定位呢？

比如，你是艺术领域的工作者，那么你就在艺术家着装风格的基础上来创造视觉锤，而不能用白领风格或蓝领风格来作为自己的视觉锤，哪怕设计得再有识别度，也不能用。因为这两种风格偏离了人们对艺术家形象的固有认知。这样的视觉锤不但不能帮助你打造个人品牌，反而会直接破坏你的个人品牌定位。

大家知道，任正非是出了名的低调。曾经有一个新员工，吃过任正非送来的饭菜，和他一起睡在一个车间，过了一个月时间，他都不知道这个人就是任正非。

当时任正非打扮成食堂大师傅的模样，和几个食堂厨师推着餐车慰问忙碌到半夜的员工，这个新员工根本就没看出他就是自己的老板。直到一次会议上，任正非身上穿着的不再是厨师的白大褂，而是西装革履，他两眼炯炯有神，一看就不一般。这个新员工一看到老总上台训话，马上呆住了：走上台的竟然是那个老头儿，那个食堂师傅！

你看，同一个人，两种不同的着装风格，在别人眼里就是两个不同的角色。

正是因为外在形象与角色之间难以错位，所以我们用角色便能锁定个人品牌定位。

总之，视觉锤是一个既具有高识别度，又能体现出你是"谁"的视觉符号。也就是说，视觉锤既要抓人眼球，又要体现身份角色定位，只有这样的形象才能帮助你达到出圈的目的。

第三节
如何策划出让人过目不忘的视觉锤

现在,我们已经知道,具有视觉锤功能的形象才是一个人出圈的捷径,同时,对个人品牌视觉锤策划也有了初步认识。

不过,你可能已经发现这只是视觉锤策划的原理和要求,要想拥有一个让人一眼就能认出、过目不忘的视觉锤,还要进一步具体策划设计。

那么,具体该如何策划设计呢?

主要有三个方法,分别用着装、发型和道具来设计。有了这些方法,你就可以轻松地策划出自己的个人品牌视觉锤。这三个方法,每个方法都是拳拳到肉,直击受众/粉丝视觉,所以我更喜欢叫它们视觉锤"三板斧"。

下面我们就来一一介绍。

(一)方法一:用着装创造视觉锤

顾名思义,就是将你平常穿在身上的衣服变成视觉锤。

通过着装让人一看就认出你来。就好比,人们看到穿白大褂的人就知道是医生;看到穿警服的人就知道是警察;看到穿黑色长袍的人就知道是神父；看到身着白衣高帽的人就知道是厨师……

当然，不是随便着装就能创造出视觉锤，而是要通过特殊的着装方式，创造出你的个人品牌视觉锤。

1. 固定颜色

我们绝大多数人，平常五颜六色的衣服都穿，衣服颜色一直都在变化，别人不太知道你的着装风格到底是什么样的，可能只有哪一天你穿得很特别，别人才能感觉到眼前一亮。所以，我们平常的着装几乎没有识别度。

但如果你平常穿衣服固定一种颜色，或者固定一种配色，那就完全不一样了。这样，久而久之，不仅会让人形成记忆，还能在一群人当中被快速识别出来。

从打造个人品牌的角度看，产生这样的效果，我们的着装就起到了视觉锤的作用。不管你在什么场合，你的受众/粉丝都能认出你来。比如，史玉柱就是通过这种方式——一身红衣白裤休闲装的搭配，让自己在众多大佬中"脱颖而出"，具有极高的识别度；周鸿祎，也是长久以来一直穿着红色polo衫，然后变成大家眼中的"红衣教主"的；还有肯德基老爷爷，总是一身白西装，让人印象深刻，也很有识别度。自从1952年创业以来，他一直就身穿一身白西装，即使如今肯德基的品牌形象从老爷爷变成了大叔，白西装、白发、白胡子的形象还是保留了下来。

以上诸君不管是有意还是无意，他们固定颜色的着装，已然都成了他们标志性的形象视觉符号。

2. 固定款式

同样，我们绝大多数人，除了衣服穿得五颜六色以外，款式也一直在变化。前面说过，这样别人对我们很难有特别的印象和记忆——没有识别度。所以，跟固定颜色一样，一旦你固定一种款式的衣服，也会产生视觉锤的效果。

你看乔布斯，他的着装方式至今还留在大家的脑海里。相信你还记得，在每一次万众瞩目的苹果新品发布会上，乔布斯都身着黑色套头衫搭配牛仔裤闪亮登场。乔布斯的这一身行头，一穿就是10年，形成他特有的形象。

乔帮主的这一身打扮太深入人心，时至今日，依然有很多科技公司的老板在效仿他这种固定款式搭配的着装方式，以此来加强受众/粉丝对自己的识别和记忆。

其中大名鼎鼎的雷军，就是以这种固定款式搭配的着装出现在公众面前。关注雷军的人可能都注意到了，多年以来，雷军每次出现在小米发布会上，永远都是T恤搭配牛仔裤。

除了大佬，生活中也有人一直穿着同一款式的衣服，比如汉服、唐装、中山装等，他们也能让我们感觉有识别度。其实，这样的形象都有一定的视觉锤效果。

如果前面两种方法，还不能满足你对视觉锤的向往，那我们可以另辟蹊径。

3. 独创着装

从着装上创造视觉锤还有一种办法，那就是走独创路线。所谓独创，就是为自己设计一套独一无二的着装，它具备高识别度，并且符合你的个人品牌定位。

当然，这种独创效果肯定是最为明显的。人们只要见到穿这套衣服的人，就知道他是谁。

比如袈裟，只要我们看见穿着袈裟的人，立马就知道他是高僧；又比如道袍，只要我们看见穿道袍的人，立马就知道他是道士。

为什么我们会这么快速地认出他们的身份？主要是因为袈裟和道袍都是独一无二的衣服，它把和尚、道士的形象深深地植入我们的心智中，成为唯一的身份角色。所以，看到袈裟和道袍，不会想到其他人。

草间弥生，人称"圆点女王"。她是日本国宝级艺术家，是全球身价最高的艺术家之一。她成为一个极具识别度的艺术家，主要是因为她一袭红色假发和风格奇特的圆点套装。尤其是当她的着装跟她的作品融为一体时，就更显得有识别度，即使你不认识她，但见过就一定印象深刻。

迈克尔·杰克逊就更不用说了，一个享誉世界的超级明星。除了他的舞蹈和歌曲外，他标志性的形象，大家也一定不陌生，尤其他那件金色连体衣，像超人一样的造型，你想模糊他的视觉符号都难。

可见，为自己设计一套独一无二的着装作为个人品牌视觉锤，是视觉锤策划的最高追求。如果你能自己独创一件像他们一样如此有识别度的衣服，那么你的视觉锤将来也很可能闻名世界。

只是这个方法实施起来，不仅难度大，成本也比较高。如果实力允许的话，你可以试一试这个方法。

（二）方法二：用发型创造视觉锤

除了着装，其实你的发型也可以变成个人品牌的视觉锤。

对于我们普通人来说，在日常生活中并没有对自己的发型做特殊的设计，大家的发型基本上大同小异，同样不能给人留下深刻的印象，也就是没有识别度。

但如果把自己的发型进行特殊设计，那么就可以产生与众不同的效果，从而让你有识别度。这样，受众/粉丝就容易记住你的形象，在人群中快速识别出你来。

你看郭德纲，数年如一日顶着一个心形发型，无论他走到哪儿都能很快被认出来。记得有一次看电视，我发现剧中一个角色也顶着心形发型，没错，正是郭德纲。这一来我顿时就跳戏了。好家伙！这么有识别度的发型，拍古装戏居然都不化妆。识别度有了，但是戏没了，哈哈。

在娱乐圈里，有很多影视明星都用自己的发型来创造视觉锤。除了郭德纲的心形发型，还有郑伊健的长发、葛优的光头……都很有识别度。

其实，也有不少体育明星用自己的发型来创造视觉锤。比如，阿伦·艾弗森、内马尔、罗纳尔多（大罗）等等，都有抢眼的标志性发型。只是他们不像一些影视明星一直保持一个发型。

现在你可以试着为设计自己一个独特的发型，看看是否可以在自己的领域里独树一帜，具有高识别度，成为你的个人品牌视觉锤。

（三）方法三：用道具创造视觉锤

利用道具，同样可以为自己创造一个能够被人快速认出来的视觉锤。

简单地说，就是选择一个适合的道具"安装"在自己身上，提高自己的识别度，为受众/粉丝创造记忆点，从而让它起到视觉锤的功能。这里我们所说的道具是指装饰品或生活工具。

用道具创造视觉锤，不仅非常抢眼、容易被记忆，而且创造空间大。因为用道具的人相对比较少，如果你选择用道具来创造视觉锤，那么就会有更多的选择。

喜欢看综艺的朋友应该对蔡康永都不陌生。在综艺节目主持人当中，蔡康永是一个识别度极高的人，每一次出场都会让人惊呼：这么夸张！

为什么呢？因为他的穿着打扮太个性了。

他尤其喜欢在自己身上"安装"一些道具，特别吸引人的眼球。有时候在肩膀上放一只鸟，有时候还戴个半脸面具。像蔡康永这样的形象，你很难忽视他的存在，你的注意力会被他牢牢地抓住。

同样，要是说起卓别林，相信很多人就会想起他的"标配"道具：头顶大礼帽，脚踩大头皮鞋，鼻子下留着一撮小胡子，手拿一根手杖。

卓别林的这个形象太深入人心，使得我们以为卓别林就长这样。其实，现实中的卓别林，与银屏前有着巨大的反差，当他褪去自己的"标配"时，竟是个五官精致的美男子，散发着绅士的魅力，绝对不是一个小丑。

如果他以这样真实的面目示人，那么今天恐怕就没有这么多人记得他。所以，道具对一个人的形象有很强的塑造力。卓别林借助自己的"标配"，创造了一个经典的形象包装案例。

如果你觉得这个方法只适合影视明星，那就大错特错了。了解营销领域的人，一定都认识叶茂中。他用一顶鸭舌帽，成功地为自己创造了一个视觉锤，一样夺人眼球，让人印象深刻。

另外，一些网红同样会用一些道具来塑造自己的形象，争夺粉丝注意力。

比如，现在转型做导演的叫兽易小星。他曾经因为在自媒体上搞笑，害怕被熟人认出来，就用A4纸做了一个面具戴在脸上，就这个无意的动作，让他在粉丝心目中留下了深刻的印象，如今成为一个美好的记忆符号。

再比如《暴走大事件》的王尼玛。每一次出场都戴着个略显恐怖的漫画头套，并且一直沿用至今，对粉丝来说，看《暴

走大事件》一定是认准这个形象，所以，这个漫画头套已经成为王尼玛标志性的视觉符号。

所以，用道具创造视觉锤，并非影视明星的专利，如果你觉得这个方法适合自己，就大胆地用起来，不用担心太高调。再说你打造个人品牌，本来就是为了成为自己领域里的明星。

（四）如何让策划的视觉锤成为超级符号

现在，视觉锤已经策划完毕，但它能不能成为你的超级符号，又是另一回事。

因为从策划到执行，再从执行到形成个人品牌，是一条漫漫长路，不是所有人都能做到，这又要考验你的执行力了。如同个人品牌定位，最后能否把定位变成自己的标签，需要下一番功夫才行。

那么如何把自己策划构思的视觉锤，变成自己个人品牌的超级符号，让人看到"那个形象"便认出你来呢？

秘诀就是四个字：稳定持续。

也就是说你在塑造视觉锤的过程中，要始终如一！保持自己外在形象的稳定性。无论你到哪里都一个样，无论你什么时候出现都一个样，今天这样，明天还是这样。而不是时而这样，时而那样，这样不稳定的操作，无法形成一个超级符号。

佛家的袈裟、道家的道袍，之所以能成为一个个超级符号，都是千年如一日穿出来的！

我们要把自己所策划的视觉锤，变成自己的一个超级符号，同样要持续、稳定地执行。

就拿叶茂中来说，他的帽子能成为他的标志性符号，也不是一朝一夕就实现的。有人调侃说，要看到叶茂中的头发，除非在他洗澡的时候。什么意思呀？就是说他的帽子从不离开他的头。

史玉柱在中国商界是一个传奇人物。创业数十载经历了大起大落，从中国首富到中国"首负"，最后又起死回生，东山再起。在经历了这些起伏跌宕后，史玉柱就开始展示自己不喜欢受拘束的性格，这点体现在他的穿衣上。而且不管去哪里，他都一直穿着一身红衣白裤搭配的休闲装，哪怕是上纽交所敲钟。

不管是性格使然，还是有意为之，他都始终坚持这样的穿着打扮。他说要是哪里硬要求穿正装，他就选择不去。就像当年他受邀参加英国皇宫晚宴，被要求必须穿燕尾服，但他只想穿红衣白裤，所以就选择留在酒店房间吃泡面。

于是，史玉柱这样的穿衣方式，便成了他的个人视觉符号——视觉锤。

总之，有所成就的人，都是狠人。你能不能把你策划的视觉锤变成你个人形象的超级符号，就看你的执行力够不够强！

第六章

个人品牌口号策划

CHAPTER 6

如果说我们前面所策划的定位、标签、名字、视觉锤，是勾勒个人品牌的雏形，是打造个人品牌的被动行为，那么接下来各章节的内容，则是为主动出击传播、塑造个人品牌而服务。

你的个人品牌只有得到充分的传播，并获得更多受众/粉丝的认可，你勾勒的品牌雏形，才能逐步形成。

在传播方式中，口号（广告语）可以说是主动出击的重要方式。如果你的个人品牌有个口号，让人一听就想行动——关注你，或者跟你成交、合作，这无疑会对你的个人品牌起到巨大的促成作用。所以，这一章我们就来为自己策划一个口号。

第一节
你为什么还需要一个口号

提到给自己策划一个口号,很多人会感到别扭,觉得没必要。心想:为什么还需要一个口号呢?

其实,要是把这个问题放到打造个人品牌这件事情上来看,你会发现,拥有一个自己的口号,就显得特别重要了。

(一)在最短的时间内表达清楚自己

我们都知道,现代社会生活节奏快,在争取机会的时候,别人能给你的时间越来越少。换句话说,我们需要在最短的时间内表达清楚自己,才能赢得机会。

当年,马云仅用6分钟获得孙正义2000万美元投资的故事,至今仍然被大家津津乐道。马云口才好众所周知,这中间马云具体说了什么,怎么说的,我们不得而知,但能确定的一件事情就是,马云在最短的时间内表达清楚自己了,否则孙正义也不会投资他。

几年前,一档投资类节目《合伙中国人》,让我们见识到了创业者面对投资人时,在最短的时间内表达清楚自己有多重要。

在节目中，听到投资人问得最多的就是："你能不能用一句话，或者几句话跟我们讲讲你的商业模式是什么？""这个项目你打算怎么盈利？""为什么别人要选择你的产品？"……

在对话中，那些能够在短时间内说清楚这些问题的创业者，显然更受投资人的青睐，获得更多的投资机会，甚至出现被投资人争相投资的场面。

<u>其实无论是在商场还是在职场，在最短的时间内表达清楚自己，都是特别重要的一件事情。</u>

在商界，有个"电梯理论"流传甚广。这个理论又被称为"麦肯锡30秒法则"，源于全球知名的管理咨询公司麦肯锡公司的一次沉痛教训。

当时，麦肯锡公司在为一家重要的大客户公司做咨询。咨询结束后，麦肯锡的项目负责人在电梯间遇见了对方的董事长。这位董事长突然问麦肯锡的项目负责人："你能不能说一下咨询的结果呢？"由于该项目负责人没有准备，无法在电梯从30层到1层的30秒钟内把结果说清楚，最终，麦肯锡失去了这一重要客户。

从此，麦肯锡要求公司员工凡事都要在最短的时间内表达清楚。这一要求最后演化成了"麦肯锡30秒法则"。具体来说，就是在乘坐电梯的30秒钟甚至更短的时间内，要向对方阐述核心要点和看法，以达到高效沟通的效果。

今天，我们打造个人品牌，同样需要在最短的时间内，把自己的意思清楚地表达给受众/粉丝。这样，才能达到高效沟通的效果，并为自己赢得机会。

做自媒体，需要我们在更短的时间内表达清楚自己。

（二）自媒体时代人人都在自我营销

有人说，自媒体时代是最好的时代，也是最坏的时代。

我们打造个人品牌，有一个渠道一定绕不开，那就是自媒体平台。自媒体最大的价值，就是让我们每个普通人拥有了自己的话语权，即人人都有了传播的机会。

打造个人品牌，我们不可能浪费这样优质的资源，让自己失去扩大影响力的空间。

说实话，谁都不想失去这样的资源和机会。我们打造个人品牌，推广自己，扩大自己的影响力，不可能舍弃自媒体这个快速传播的大喇叭。这也就是为什么越来越多的人在运营自媒体。

如此，就造就了人人都在自我营销的局面。如果谁没跟上时代步伐，就意味着被时代抛弃。

问题是，在人人都在自我营销的情况下，争夺注意力的战争就显得异常激烈。受众/粉丝能给你的时间已经不足以让你做个完整的自我介绍，甚至你连亮出标签的机会都没有。

想想看，我们在刷朋友圈、刷文章、刷视频时，会停留多长时间？几乎是以秒来计算，对吧？一眼看不上的内容，就瞬间划走。所以，有的博主上来第一句话，就是请求粉丝先别划走。但是现实很残酷，没有多少人会为你的请求而停留。

在这样的传播环境下,其实我们只剩一句话的时间,说一句瞬间就能吸引受众/粉丝注意力的话。比如,"我是papi酱,一个集美貌与才华于一身的女子。"

只有这样能瞬间吸引住人、打动人心的话,才能让受众/粉丝为你停留。那么,能有这样威力的一句话,就是口号。

因为口号能在最短的时间内表达清楚自己(它把你所要传播的核心信息浓缩在其中),同时还能吸引人、打动人。

自媒体虽然是内容营销,但最后还是要口号助力。你看,每每刷文章、视频,博主都会给你来一句"关注我,……"。内容再好,还是要喊句口号来影响受众/粉丝。

(三)群体无意识:口号的力量

往深层说,口号是一种操控他人的力量。

《乌合之众》这本书写道:"群体中的人,大脑功能是处于停滞状态的,最活跃的是脊椎神经——群体行为完全是脊椎神经刺激之下的本能性反应,也就是所谓的群体无意识。"

换句话说,群体更情感化——冲动、易变和急躁。在这种情况下,对于群体而言,任何一种刺激因素都会对他们产生控制作用,即容易被他人暗示、引导而采取行动。

所以,一些组织、公司和个人,往往提出一个口号,激发人们对一些事物产生美好的想象,并心悦诚服地聚集在该口号的旗帜下,从而也使口号提出者获得号召力或影响力。

比如,"替天行道""中国需要德先生和赛先生""打土豪,分田地""时间就是金钱""让天下没有难做的生意""没有最好,只有更好"等等口号,都有着无与伦比的号召力、影响力。

如果你拥有一个这样的口号,那么,你的号召力或影响力肯定会变得更强。

总之,打造个人品牌,你还需要一个口号。

第二节
口号不是叫卖，是影响力

前面我们讲到口号对个人品牌传播的重要性：它能把你的信息送到受众/粉丝面前，并直接传达你的诉求，从而达成你的成交目的。

但是，受众/粉丝不一定欢迎口号，这是必须面对的一个现实问题。

那在这种情况下，我们应该如何给自己策划一个口号，既能满足我们的需要，又不招人嫌弃呢？

这确实需要好好研究一下。

（一）广告的印象

今天，无论是广告的数量，还是广告的形式，都已经多到可以把我们每个人包围起来。

早上醒来，拿起手机，看到的第一条信息可能就是某个平台推送的广告；走进电梯，迎头又是电梯广告，不管是平面的，还是视频的，都逼近你的眼睛，让你躲都躲不开；走在路上，

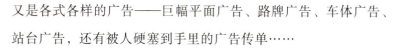

又是各式各样的广告——巨幅平面广告、路牌广告、车体广告、站台广告,还有被人硬塞到手里的广告传单……

广告可以说是铺天盖地,无孔不入。就算看个电影,也有植入广告。我们整天被广告包围着,喘都喘不过气来。所以,现在大家越来越厌烦广告,估计人人都得了"广告疲劳症"。再加上一些恶俗的和骗人的广告,更是让人对广告敬而远之。

<u>在这种刺激过多、过强和持续时间过久的广告轰炸下,人们对广告产生厌烦心理,</u>也就不足为奇了。

美国著名作家马克·吐温有一次在教堂听牧师演讲。最初,他觉得牧师讲得很好,很是感动,准备捐款。但过了10分钟,牧师还没有讲完,他有些不耐烦了,决定只捐一些零钱。又过了10分钟,牧师还没有讲完,于是他决定,1分钱也不捐。等到牧师终于结束了冗长的演讲,开始募捐时,马克·吐温由于气愤,不仅未捐钱,还从盘子里偷了2美元。

面对广告,我想很多人已经都成了马克·吐温,希望广告能少点,再少点,甚至希望广告消失。

然而,我们的生活中并非都不需要广告,因为广告也能给我们带来有价值的信息,为我们选择商品节省时间和成本。那么,在这种既排斥又需要的情况下,我们应该如何策划个人品牌口号呢?

（二）避免成为令人厌烦的叫卖

那就是在策划个人品牌口号的时候，一定要避免口号给人一种叫卖的感觉。这样，不但达不到广告的目的，反而令人厌烦，或产生反抗的心理。

叫卖，即使是商品也不受待见，何况是人？

什么样的口号给人一种叫卖的感觉？比如"买一送一""满一百立减二十""两件六折"等，这类口号明显就是叫卖。

简单地说，叫卖是为了促销，想让你马上掏钱买单。说得更直接一点，叫卖就像是在拉客、推销。

说到拉客、推销，我想此时你的脑袋里，一定出现了画面。面对这样的场景，你是不是感到厌烦？

所以，个人品牌口号，如果有叫卖感就非常不合适。

那么，口号如何避免给人叫卖感呢？

如果说叫卖是主动拉客、推销，那么一句好的口号，应该是通过影响力来吸引人，最后达成被动成交的目的。换句话说，就是让受众/粉丝主动找上门来。这样的口号，本质上就是营销，以塑造品牌形象为目的，往往是向受众/粉丝展示品牌的内涵，就好比路边摊卖橘子大妈写的广告口号："甜过初恋"。

就大妈这句口号文案，不知道强过多少人。她的这句口号避免了给人叫卖的感觉，而且还很吸引人。你看大妈把这句口号写在纸上，往橘子堆上一搁，就自信地坐等你"上钩"。

所以我们策划个人品牌口号，首先应该避免成为令人讨厌的叫卖，然后努力地让它具有影响力。换句话说，口号不是叫卖，是影响力。

那又如何让口号具有影响力呢？

用创意。

（三）用创意制造影响力

很多人以为，创意就是那些花里胡哨的文字游戏，这也导致了一堆花里胡哨的口号不断产生，不痛不痒的文案满街飞。其实，这是对创意的误解。

创意，不是花里胡哨的文字游戏，而是要让口号文案直击人心。直击人心就是打动受众/粉丝的心，让他们行动起来，消费你提供的产品或服务。

那应该如何直击人心呢？

就是要展示价值。

试想，哪个人消费一个产品或服务，不是为了满足某个方面的需求呢？显然都是为了解决某个问题，或是为了实现某个愿景。换句话说，哪个人消费一个产品或服务，不是为了获得它的价值呢？

讲到这里，何谓创意，就不言自明了。口号能把你的价值准确地表达出来，就是创意。

第三节
如何写出有影响力的口号

现在我们已经知道，如何用创意制造影响力。那么具体该如何写呢？

下面就来介绍两个写口号的方法，帮助你把自己的价值准确地表达出来，写出有影响力的口号。

（一）方法一：用陈述句陈述让人心动的事实

第一个方法就是用陈述句，陈述你能给受众/粉丝带来什么价值，前提是这个价值必须来自你的定位。简单地说，就是把你的定位陈述出来，写成广告口号。

其实，有很多企业都采用这种方法。比如，抖音广告口号："抖音，记录美好生活"；百丽女鞋广告口号："百变，所以美丽"；李维斯广告口号："不同的裤，相同的酷"；壹号土猪广告口号："壹号土猪，狠土狠香狠安全"等等。

这类广告口号就是告诉受众/粉丝：你为什么要买我，我为什么好。

我们采用这种方法写个人品牌口号，就是陈述"我做得有

何不同""我做得怎么样",也就是用标签的底层逻辑来写你的口号。公式如下:

陈述句=陈述有何不同/做得怎么样

所以,写个人品牌口号时,你只要参考功能标签的写法,就能陈述出一个让人心动的事实,写出自己的个人品牌口号。

这样写出来的口号,可能会出现与标签一样的情况。事实上,标签本来就是在传达你的定位和价值,它具有广告功能,有时候确实可以直接把它当作口号使用。如果口号与标签一样最好,但不要强求它们一定要统一。

比如我们在标签策划中举的一些例子:张三,抽象画家;张三,百万粉丝婚姻律师;张三,知识带货第一人等。类似这些标签,就可以直接用来做口号。

总之,用陈述句写口号,归根结底是要陈述出,你或者你的产品/服务有多厉害、有多好。比如,papi酱的口号:"集美貌与智慧于一身的女子";罗振宇的节目《罗辑思维》的口号:"有种、有趣、有料"等等都是如此。因为只有你够厉害、够好,才够有价值,才能打动受众/粉丝,让他们心动,激发他们行动。

另外,如果你没有其他合适的口号,你也可以陈述愿景作为口号。愿景,本来就表达了你在定位时想为受众/粉丝解决某一问题,并希望能给他们带来好效果的意思。所以,把它陈述出来,就会让受众/粉丝想象出,你或你的产品/服务有多厉害、有多好,这样也能影响他们。

比如,阿里巴巴:"让天下没有难做的生意";樊登读书:"每年一起读50本书,帮助3亿国人养成读书习惯"等等,都是在陈述美好的愿景,一样可以打动人。

(二)方法二:用祈使句直接激发人行动

第二个方法就是用一个祈使句,<u>直接激发、引导受众/粉丝行动</u>。用这种方法写广告口号的大公司也不在少数。

比如,王老吉的广告口号是"怕上火,喝王老吉";香飘飘的广告口号是"小饿小困,喝点香飘飘";汉庭酒店的广告口号是"爱干净,住汉庭";喜马拉雅的广告口号是"路上堵车,听喜马拉雅";58同城的广告口号是"找工作,上58同城";等等。

<u>这些广告口号的潜台词都是:你的需求我能满足,你的问题我能解决,我有多厉害、有多好,你选择我就行。</u>

这个祈使句的具体写法,公式如下:

> **祈使句=需求/问题+动词+名字**

不知道你有没有发现,"需求/问题+行动词+名字"这样的广告口号句式，也很适合个人/团体。比如，"个人品牌创业咨询，找非病猫"，"神仙配音，还在等什么，关注淮秀帮吧"等，听起来都很自然。

我们的个人品牌口号同样可以用这样的祈使句，而且照着公式写起来还容易上手。比如，"要惊喜，就关注某某"/"关注某某，有惊喜"，"听好歌不迷路，就关注某某"/"关注某某，听好歌不迷路"等。这些经常听到的口号，现在看起来是不是都不难写？

写个人品牌口号，这两种方法都非常实用。它们不仅能写出有影响力的口号，而且写起来容易上手，关键还特别适合个人。

（三）口号追求：让人轻松记住和随口使用

当你写完自己的口号之后，还要检查一下这句口号是否好记，以及能不能被当作日常用语使用。如果你写的口号能满足这两个标准，那你的口号就成功了。

能让人轻松记住，说明这句口号具备高效传播的条件；如果还能让受众/粉丝随口使用，那么就意味着这句口号能引起受众/粉丝的共鸣，甚至是深入人心，这样，他们还会不自觉地免费替你传播。这应该是口号的最高境界了。比如"有危难急事，找消防战士"，以及前面列举的广告口号，大多数都能被人们随口使用。

那么，如何检查自己所写的口号是否达到了这样的标准呢？

先看是否好记。除了看字句是否简单、好读、好听外，还要看看这句话是不是口语。

再看看能否被使用。就是把它放到你的产品/服务所要解决的问题情景中，看是否可以用作对话来用。可以，就把它留下，不行，那就继续调整，直到可以为止。

第七章

个人品牌故事策划

CHAPTER 7

故事，对你个人品牌的自我展示、塑造和传播都是一个极好的工具。

它有血有肉，使我们讲述的内容显得更加丰满和真实，同时，它运用起来也很灵活——可大可小、可长可短、可裁可剪，而且随时可以开讲，也可以随时结束，尤其是它还有着自己天然的力量，先天具备传播优势。

所以，打造个人品牌时，我们一定要为自己策划一个故事，策划一个让人愿意听，甚至乐意传播的故事。

第一节
故事的天然力量

为什么说故事有着自己天然的力量？

因为我们的标签和口号，人们可能不会自觉地向人介绍和传播。但故事人人爱听，而且还对它有莫名的信任，甚至还会不自觉地传播它。

（一）爱听故事，是人的天性

还记得小时候一直缠着父母给自己讲故事吗？是的，几乎每个人都有过这样的经历。即使没有，我们也曾在大人讲故事的时候，不自觉地凑过去竖起耳朵默默地倾听。

有些孩子，还要听着父母讲的故事才能入睡。爱听故事的孩子不在少数，专门给儿童讲故事的"凯叔讲故事"App制作发布的故事，网上播放量就达数亿次之多，目前用户超过6000万。可想而知，孩子们该有多爱听故事。

其实，爱听故事的并非只有孩子，我们大人也同样爱听故事。餐桌上，只要有人讲起故事，大家都会放下筷子，聚精会神地听；办公室里，只要有人讲起故事，大家就会停下手中的活，侧耳倾听。尤其是一些八卦，更是人人爱听。玩自媒体的朋友都知道，那些娱乐八卦之类的内容，点击率就特别高。

总的来说，从古至今，无论大人小孩、男女老少，都爱听故事。好莱坞编剧之父罗伯特·麦基说："我们对故事的嗜好反映了人类对捕捉人生模式的深层的需求。"这个观点，一定程度上说明了爱听故事是我们的天性。

要是从人类大脑进化的角度看，就更能说明爱听故事是我们的天性。

1970年，美国神经学专家保罗·麦克里恩提出"三脑理论"。他认为人脑有三种物理脑系统，分别为网状脑系统、情绪脑系统、大脑皮层系统，且三脑是人类不同进化阶段的产物，它们各自有着不同的功能和作用。

网状脑系统又称原始脑/本能脑，主管本能；情绪脑系统就是情绪脑，主管情绪；大脑皮层系统又称理智脑，主管认知。从出现的年代看，本能脑已经有近3.6亿年的历史，情绪脑有近2亿年的历史，而理智脑出现的时间只有不到250万年。

正是因为理智脑出现的时间较晚，所以《认知觉醒》这本书讲道："理智脑虽然高级，但比起本能脑和情绪脑，它的力量实在是太弱小了。种种迹象表明，理智脑对大脑的控制能力很弱，所以我们在生活中做的大部分决策往往源于本能和情绪，而非理智。"

撇开其他不说，单从这点看，就不难理解为什么讲道理人们总是不爱听，而讲故事却人人爱听。说到底，我们更多的时候是活在本能和情绪里。所以，故事就更能满足人的情绪需求，引发人们的猎奇心理，给人的感官带来刺激，让人的情感产生代入感。

脑神经科学家惊讶地发现，人类的大脑几乎都是通过故事来理解事物的，而且故事还能够激发催产素，让我们和故事中的人物产生强烈的共鸣，即代入感。不仅如此，催产素的增多还有利于多巴胺和血清素的释放，而它们的释放能让我们感到快乐，能让我们的身心感觉更加舒服。

这就是我们爱听故事的原因所在。

当然，故事并非叙事。罗伯特·麦基说："故事是一系列由冲突驱动的动态递进的事件，在人物的生活中引发了意义重大的改变。"

这就能解释我们为什么会废寝忘食地躲在被窝里偷看小说，困得连眼皮都抬不起来也要追剧，网上发生点什么事总是爱围观"吃瓜"……因为，这些内容要么存在冲突事件，要么主人公的生活发生了重大改变。

总之，爱听故事是人的天性，只是听故事的载体不同而已，载体可能是小说、电影、神话、寓言等等。

（二）信任，是故事的红利

信任是人与人交往的基础，商业的交换、合作更需要信任来维持。我们选择购买品牌产品，就是源于信任；我们总喜欢跟知根知底的人合作，也是因为信任。

打造个人品牌，从某种意义上说就是建立信任。

而故事作为沟通手段，有着天然的信任因子。通过故事，我们不需要费尽九牛二虎之力，就能取得一定的信任。也就是说，故事可以为我们打造个人品牌建立信任。所以说，信任是故事的红利。

为什么故事具有这样天然的信任因子呢？

因为故事就是过去发生的事。社会学家查尔斯·蒂利说："故事是具有因果元素的解释性叙事。"而这样有因果逻辑的故事，人们早已习惯了相信它真实存在。所以，这就让故事有了一个属性——真实性。

尽管故事存在虚构、加工，但是基于现实的推理，依然具备一定的可信度。因为故事都有现实的影子，哪怕是寓言故事、神话故事、宗教故事，都是如此，它们都能让人信以为真。

《人类简史》的作者尤瓦尔·赫拉利认为：智人在演化中偶然获得的讲故事的能力，是其称霸世界的关键。正是因为智人的讲故事能力，使得人类拥有了大规模的协作能力，比如今天我们所知道的国家、民族、党派、宗教、公司、社团、兴趣小组等等。人类是讲故事的动物，没有故事，人类社会就无法运作。

也就是说，人类讲故事的能力，维系了这些大大小小组织的运作。那为什么故事能够维系这些组织的运作呢？就是因为故事的属性——真实性在起作用。

（三）传播，是故事的第二大红利

人类，不仅爱听故事，还爱讲故事。

爱讲，让故事传遍五湖四海。我们打造个人品牌，就是试图通过故事来传播自己，以便更好地与受众/粉丝沟通。如果你的故事够生动，大家很可能会津津乐道，免费为你传播。这样，故事又给我们带来了一大红利。

《人类简史》这本书中讲道："大约就是在距今7万年到3万年前，出现了新的思维和沟通方式，这也正是所谓的认知革命。会发生认知革命的原因为何？我们无从得知。得到普遍认可的理论认为，某次偶然的基因突变，改变了智人的大脑内部连接方式，让他们以前所未有的方式来思考，用完全新式的语言来沟通。

"有意思的是，多种理论都同意人类语言是沟通关于世界的信息的方式。然而，最重要的信息不是关于狮子和野牛，而是关于人类自己。我们的语言发展成了一种八卦的工具。

"这种'八卦理论'听起来有点荒唐，但其实有大量的研究结果支持这种说法。即使到了今天，绝大多数的人际沟通（不论是电子邮件、电话还是报纸专栏）讲的都还是八卦。"

也就是说，人类自从拥有语言能力以来，一直都喜欢讲故事。正因为如此，我们人类创造了无数的故事，并且乐此不疲地传播。什么神话故事、寓言故事、童话故事、传奇故事、历史故事、穿越故事、心灵故事、成长故事等等。

有的故事传遍全世界，有的故事一传就数千年之久。比如，"女娲补天""牛郎织女""特洛伊战争"……即使一些生活故事，一传十，十传百，也能传出方圆百里，好几代都还在讲那些陈年往事。

人们这种爱传播故事的热情，给商业世界带来了巨大的效益。如果你的故事能够打动人，那么，一传十，十传百，就会帮助你的个人品牌创造更大的影响力。

过去，是一传十，十传百，而现在在互联网的赋能下，故事能成千上万次地转发传播，短时间内就能让你红遍全网，甚至给你的业务带来指数级增长。

"褚橙"就是这样的例子。

2002年，褚时健在古稀之年，重新走上了创业的道路。在妻子的支持下，他踌躇满志筹集了1000万元，在哀牢山包下2400亩荒山种橙子。到2012年这一年，算起来，褚时健在山上已经干了10年，遗憾的是，他种植的"褚橙"的知名度一直不温不火。

直到2012年10月27日，一篇名叫《褚橙进京》的报道，被万科创始人王石的微博评论并转发，迅速引来了大众关注的目光。24小时内这篇文章就被转发7000多次。

紧接着，2012年11月5日，"褚橙"一发售，前5分钟就被抢购了800多箱。这是转发带来的实实在在的经济效益。当然，更令人瞠目结舌的是，从此"褚橙"一发不可收拾，走上了爆款的道路，昔日的"烟草大王"变成了"中国橙王"。同时，褚时健和他的励志故事也传遍了整个互联网,被人津津乐道。

"褚橙"的成功,是故事营销的胜利,也是自媒体时代背景下,故事巨大红利的真实呈现。

总之,在打造个人品牌的时候,要充分利用故事的这种天然力量,为自己的个人品牌添砖加瓦。

第二节
故事策划不是瞎编，
也不是添油加醋

从故事的天然力量中，足见故事对打造个人品牌的价值。从投入产出来看，策划一个好故事，帮助我们打造个人品牌，绝对是一件一本万利的事。

但千万别因为这件事性价比极高，就在个人品牌故事策划中迷失方向。那如何给自己策划好一个故事呢？这是在你个人品牌故事诞生之前，一个需要特别认真对待和思考的问题。

具体地说，策划故事，不是瞎编，也不是添油加醋，而是要根据自己的实际情况取舍素材，然后进行加工提炼，让自己的故事更具故事性。

（一）故事策划的两大误区

要想给自己策划好一个故事，在开始策划之前，最重要的事情就是，避开故事策划的两大误区。

误区一：故事策划就是瞎编。

说到故事策划，可能很多人就想到胡乱编造。以为所谓的策划就是瞎编，无中生有，凭空捏造出一个本来不存在的事情。

老实说，这种现象确实存在。一些三流策划人员胡乱编造一些品牌故事，给不入流的品牌使用；有人也确实很能讲故事，胡乱编造脱口而出，轻轻松松就能编个故事，还讲得有声有色。

这在一个阅历尚浅的人面前，还能忽悠一下，甚至还有人被这样的故事感动。但是，在阅历丰富的人面前，就很容易被一眼识破。

所以不要看到存在这些胡乱编造的现象，就以为这就是策划的真实情况。如果以为故事策划就是瞎编，那么一开始我们就进入了误区，很难策划出一个好故事。

先不说瞎编能不能策划出好故事。要知道，我们打造个人品牌，想通过故事来传播、塑造自己的品牌，面对的将是形形色色的人，你怎么就能保证自己不会遇上阅历丰富的明眼人呢？

试想，要是人家识破你所讲的故事是瞎编的，那你情何以堪？虽然不会当场让你难堪，但至少越来越多的人不会再听你的故事。

回想一下看，当你走进一家饭店，看到墙壁上贴着它的品牌故事，请问你认真看完了吗？要是看完了，你相信这个故事吗？

相信很多人都不会去看，就是看了也不一定相信。理由很简单，就是感觉不像那么回事，具体点说，在店里没看到与故事相符的东西。当然，不相信还有一个原因是知道这是瞎编的。

再说很多人已经知道这些故事都是瞎编出来的，如果你还用这种三流的思想，策划三流的品牌故事，放在自己的品牌上，结果肯定是无人问津。这样，怎么还能指望它帮助我们打造品牌呢？

这样的故事，不是我们想要的。所以，以为故事策划就是瞎编，这是一个误区，应该避开。

误区二：故事策划就是添油加醋。

还有的人以为故事策划就是添油加醋，添加原本没有的东西，这样故事才够精彩。这种做法，无非是想让自己的故事变得"高大上"，这同样是一个误区。

原因还是，不存在的事情被随意夸大，就会显得没有真实感。虽然添油加醋没有瞎编那么离谱，但还是像一个没有内在、没有实力的人，纵然有光鲜的外表，终究还是掩饰不住俗气的样子。

之前看到人民网的一则报道：

近年来，喜马拉雅岩盐在消费市场走红。商家宣称，此盐富含几十种微量元素，具有改善呼吸系统、平衡身体酸碱度、改善睡眠质量、调节血糖等功效，价格比普通加碘食盐高出几十倍甚至几百倍。但专家表示，所谓的"神奇"功效，须经大量临床验证，未有确凿结论之前，商家的说法只是一家之言，甚至有过分夸大之嫌，构成虚假宣传。

为什么商家宣称的功效遭到质疑？

原因就是添油加醋，把这种食盐的功效"神奇"化，到了让人无法相信的地步。

如果说你在策划自己的故事的时候，为了让自己的故事变得"高大上"，随便添加你经历中没有的东西，肆意夸大事实，你敢保证就没人质疑吗？

总之，胡乱编造、添油加醋，是故事策划的误区，也是对策划的最大误解。另外，为了吸引人，无中生有、故意夸大事实，也是不诚实的表现。

简而言之，瞎编、添油加醋都不是真正的故事策划。那什么才是真正的故事策划呢？

简单地说就是，结合实际取舍素材，然后进行加工提炼，让自己的故事更具故事性。

（二）结合实际取舍素材，才能策划出好故事

先讲讲结合实际取舍素材。

结合实际取舍素材，就是把自己经历过的事作为原始素材，从中找出与自己个人品牌定位相关的部分，然后再根据自己当下的实际情况取出相应的素材，来构思策划自己的个人品牌故事（图7-1）。

图7-1　结合实际取舍素材具体步骤

为什么要结合实际取舍素材，而不是所有素材都能用？因为只有你的个人品牌故事与你的实际情况相匹配，才能产生可信度，受众/粉丝才爱听，才愿意传播。

所以，只有与自己当下相匹配的故事，才是好故事。换句话说，结合实际取舍素材，才能策划出好故事。

具体怎么取舍呢？

比如，近几年知识变现非常活跃，很多人都跃跃欲试。你可能也积累了很多知识，而且还形成了自己独立的思想体系，跟相关领域里所谓的专家不相上下，甚至有过之而无不及，但你个人并没有什么知名度。这个时候，如果你给自己策划一个故事，讲自己的思想体系有多牛，就不太合适，因为别人不相信。那么，这个故事的策划就是失败的。

这跟人微言轻是一个道理。尽管你见解独到、有深度，但是你的身份普通，就没人在意你讲什么。这就像一个穷光蛋讲富豪的生活故事，会被人取笑一样。这就是为什么马云讲什么都是真理，而普通人讲跟马云同样的话就是废话。

李叫兽（百度公司前副总裁李靖）曾经讲，他本来是研究战略的，对战略有自己的见解，但在刚入行的时候，自己并没有选择展示战略方面的知识，而是选择了从文案这个相对小的课题入手，就是考虑到自己只是一个刚走上社会的年轻人，讲战略肯定没人听，没法让那些久经沙场的年长者信服。

李叫兽的这个选择，就是结合实际进行取舍的一种表现。

再者，如果在你还没有取得成功时，到处讲自己过去各种糟糕的糗事,一样不太合适。比如马云,要是阿里巴巴没有成功,他整天讲自己三次高考失败的故事,也是没有人愿意听的。

这些对素材适合与否的拿捏,都是对人性的尊重,也是各种策划的奥秘所在。

所以,我们在策划个人品牌故事时,要把暂时不适合的素材先放一边,把适合的素材充分利用起来。

当你明白自己的定位和所处的阶段适合讲什么故事,再从自己身上选择相应的素材,来加工你的个人品牌故事,那么这故事策划就成功了一大半。至于具体讲哪些故事合适,我们将在下一节中详述。

结合实际取舍素材,必然会舍弃掉一些素材,你可能会担心:舍弃掉一些素材以后,哪里还有什么素材可用,那还怎么策划故事呢?

其实,一个人经历的事情有很多,根本不用担心没有故事素材。

比如,在你打造个人品牌之前,所有积累的知识、打磨的技能、丰富的经验、增长的阅历;在你打造个人品牌过程中,从个人品牌策划到个人品牌营销、管理等;这些都是素材的来源。

你看,只要思路一打开,你用不着瞎编、添油加醋,就有足够的故事素材。

关键是你要明白,该如何取舍它们,如何加工提炼它们,让它们变成让人爱听、让人信任,甚至让人乐意为你传播的故事。

(三) 加工提炼，让故事更有力量

讲完了结合实际取舍素材，接下来再来讲加工提炼。

所谓加工提炼就是把你选取出来的素材，从适合的角度去繁就简，按照合理的故事结构进行表达构思（图7-2）。

图7-2　加工提炼步骤

1.适合的角度

就是当你选取出来的素材有限时，你要想办法从不同的角度找到素材的价值，让有限的素材发挥出最大的价值。当然，如果你不缺素材，也一样要从不同的角度挖掘素材的价值，以充分利用素材。

其实，每个故事素材，从不同的角度叙述就会有不同的意义。《故事化营销》这本书中讲道："故事的角度可以随时调整，进退有据。比如'猪八戒背媳妇'的故事，就有多样的解读，吃力不讨好；舍得花力气；心甘情愿。在社交中，根据对象或语境的不同，同样一则故事，可以临时改变叙事角度。"

所以，每个素材，只要找到适合的角度，就能成为为个人品牌赋能的故事。

举个例子。

假如你经历了一次失败，但是在我们这个崇尚成功的社会，有时候会觉得在某个场合讲不合适，可又觉得这个故事对别人还是很有启发的，那么这时候你就可以换个角度来用这个素材，比如从励志的角度来讲。一个励志的故事对听众来说有激励作用，在你身上发生了一个励志的故事，对你来说就是加分项。那么，这样一来是不是就"变废为宝"了。

这对我们从不同角度解读自己所经历的事，充分挖掘素材的价值，就很有启发性。每个人不一定都有成功的经历，但一定有过失败的经历，那么能不能在失败的经历中，找到一个有价值的角度，作为自己个人品牌故事？

我们都知道曾国藩屡战屡败的故事。对这些故事，不同的人就有不同的看法。有人觉得屡战屡败是无能；而有的人觉得屡战屡败是有恒心、不气馁，是不达目的誓不罢休的精神。

所以，只要我们能找到一个适合的角度，有限的素材也会变得丰富起来，不会觉得没素材可用。当然，让故事变得更精彩，是从不同角度找素材价值这件事的主要意义。

2. 去繁就简

就是故事要拣重点的说，拣因果逻辑清晰的说，拣能说明问题的说。

换句话说，就是不要把故事素材原封不动地"复制"出来，这样可能会显得有些啰唆，而且让听者不知所云。正所谓艺术来源于生活又高于生活，故事素材需要进行适当的加工。

一个完整的故事陈述，必然按照一个既定的结局或结果，尽可能地简化人物和事件。

查尔斯·蒂利说:"故事简化了行动者、行动、原因与后果。去繁就简使故事的逻辑明晰起来。即使在讲述真相时,故事仍对相关过程删芜就简。为了便于理解,它们拣选出少量行动者、行动、原因与后果,且认定这样的效果好于一般的科学解释。"

也就是说,我们在策划故事的时候,会对素材进行必要的裁剪、编排、强化,这样故事就变得更加有张力,更能为你的个人品牌打造赋能。注意,对故事素材的去繁就简,跟我们前面讲到的胡编乱造和添油加醋,完全不是一回事。

3. 合理的结构

就是故事要根据一定的结构来构思,同样不能把故事素材原封不动地"复制"出来,这样策划出来的故事可能像流水账,索然无味。

关于这个问题,我们还要再看看罗伯特·麦基怎么说:"人类历史上一切故事的核心事件可以概括为一句话——冲突颠覆生活。因此,故事的最佳定义如下:故事是一系列由冲突驱动的动态递进的事件,在人物的生活中发生了意义重大的改变。"

也就是说,我们在策划故事的时候,要充分考虑起承转合,这样故事才能引人入胜,从而让你的受众/粉丝爱听、爱讲。

总之,加工提炼就是从不同角度挖掘素材的价值,通过去繁就简让人听得懂,并按照一定的结构来表达,让人听得有意思。在这样的思路下策划出来的故事才更有张力。

• 第七章 个人品牌故事策划

第三节
讲适合自己的故事才有力量

故事虽然人人都爱听，但不是每个人的故事，大家都爱听。这是我们策划个人品牌故事需要面对的又一个现实问题。

直白一点说，当我们还是一个普通的小人物时，他人对我们的故事不会有那么大的兴趣，他们喜欢听大人物的故事，哪怕是明星的八卦新闻也会竖起耳朵听，还会到处传播。

可是打造个人品牌，我们多数人都是从普通人开始，所以这个时候就需要考虑自己应该讲什么故事，大家才愿意听、乐意传播，也就是该策划什么样的个人品牌故事。

只有你的受众/粉丝愿意听、乐意传播，你的个人品牌故事才有价值，这时候故事的天然力量才能为你所用。

讲适合自己的故事，才有影响他人的力量，受众/粉丝才愿意听、乐意传播。

那到底讲哪些故事合适呢？

讲到这里，我们结合上一节的相关内容来明确一下。所谓适合，其实就是要考虑两个层面的问题：一看故事适不适合用来打造自己的个人品牌；二看故事与你的实际情况是否匹配。

因此，这里建议你讲三种故事，我称它们为故事"三剑客"。这三种故事，只要你能匹配好自己的实际情况，无论从0到1，还是从1到n，在你打造个人品牌过程中都适合讲述。它们个个火力威猛，一定能很好地弥补标签和口号在个人品牌传播、塑造上的不足。

（一）愿景故事，用梦想打动粉丝

在谈愿景故事之前，我们先说说什么是愿景。

<mark>愿景，就是你解决受众/粉丝的某一问题，或者说满足他们的某一需求时，能给他们带来什么样的美好蓝图。</mark>这美好蓝图对受众/粉丝来说是一个梦想。

因为这些问题、这些需求，是受众/粉丝迫切希望能得到解决或满足的。这时候，如果你说你能帮助他们解决困扰已久的问题，或者满足他们迫切的需求，描绘他们将得到怎样的效果、结果、收获等美好蓝图，显然会打动你的受众/粉丝。

比如当年马云在创建阿里巴巴时，提出一个口号叫"让天下没有难做的生意"。这对于没有渠道又想赚钱的中小企业主来说，简直就是久旱逢甘霖。可想而知，阿里巴巴对他们来说，多么有吸引力。

当一个人受到某些问题的困扰时，其实心里非常渴望有人能帮忙解决。在这种情况下，他就很容易被一个美好的蓝图所打动，并且跟着你的诉求走。

比如，一个人深受头皮屑困扰，而有一款产品宣称可以去头屑,那么他就会想买来试试;比如,一个女生因为肥胖感到痛苦,而有一款产品告诉她7天就能减赘肉,那么她就会恨不得快点用上这个产品;再比如,一个人PPT做得一塌糊涂,而有一个课程告诉他制作PPT轻松上手,那么他就会想把这个课程买下来……

总之,对未来的美好憧憬是所有人的向往,它能打动所有人。所以,社会上那些有理想的组织或个人,都会提出一个美好的愿景。

比如,GE:让天下亮起来;迪士尼:让全天下的人开心起来;华为:把数字世界带入每个人、每个家庭、每个组织,构建万物互联的智能世界;等等。

给受众/粉丝带来美好的未来,这是所有组织、个人存在的意义,也是我们打造个人品牌的终极目的,即为解决受众/粉丝的某一问题,或满足他们的某一需求而努力。

在我们做个人品牌定位,选择进入某个行业的时候,愿景就已经为我们确定好了具体方向,同时也能帮助我们提炼相应的口号。

如果我们还能把自己的诉求通过故事,更详细、具体、生动地描绘出来,那么一定会更加吸引人、打动人。

这个故事,就是我们所说的愿景故事。

值得一提的是,愿景故事不仅可以讲给你的受众/粉丝听,也可以把它讲给跟你生意利益相关的人听。

因为愿景出发点不同,影响的对象就不同。所以,我把愿景故事分为两种,一种是以他人为出发点的愿景故事;一种是以自己为出发点的愿景故事。以他人为出发点的愿景故事,对外部讲,即讲给受众/粉丝;以自己为出发点的愿景故事,对内部讲,即讲给团队、伙伴、投资人。

就生意而言,尽管谁都知道,实现一个愿景并不轻松,但是如果有人告诉你,只要去努力,就有可能实现它,那么很多人还是会为之心动。这就是愿景故事带给我们的力量。

当年,苹果公司需要寻找一位CEO,乔布斯就把目标锁定在当时任职百事可乐的约翰·斯卡利身上,但对约翰·斯卡利来说,他在一个大公司已经事业有成,享受着优厚的薪资福利,对去苹果这样的小公司显然没有太大动力。

这时,乔布斯就开始发挥自己的讲故事能力,他对约翰·斯卡利说:"你是想卖一辈子糖水,还是跟我们去改变世界?"这么短短一句话,就勾勒出一个"金钱vs梦想"的超短故事,把约翰·斯卡利说服了,他最终答应去苹果公司出任CEO。

愿景,本质上是迎合人的需求而生。只要能为受众/粉丝解决某一问题,满足某一需求,去除一个痛点,那么由它而来的愿景故事,不论伟大与否,都能打动人。

(二)行动故事,用价值观赢得粉丝赞赏

我们知道,一个人能够赢得受众/粉丝的赞赏,往往是因为他的个性有着无穷魅力。所以,打造个人品牌需要努力拥有这样的标签。但个性不太好直接从自己嘴里说出来,这个时候,

如果通过故事把它讲出来,就会比较自然。

因为这些故事,都是你在实现愿景的过程中所发生的真实事情,也就是我们所说的行动故事。它们都有血有肉,不仅讲起来比较自然,还容易引起受众/粉丝的共鸣。

所以,把个性通过故事讲出来,对你塑造个性标签就有非常好的效果。

"2001年我在达沃斯论坛听了青年领导的讨论,热血沸腾,我当时就拿起电话打给我的下属:'现在就做!马上就做!如果有人因为支付宝进监狱,那个人就是我,马云!如果你做不好,搞一些违法乱纪的事,我就把你送到监狱。'就这样支付宝迈出了最艰难的第一步。"

这是马云讲述自己创办支付宝的故事。在这个故事中,马云不仅把自己雷厉风行的性格展示了出来,还体现出自己的商业价值观——创业经商不做违法乱纪的事,也就是创业要坚持自己的底线,遵守社会准则。

听到这个故事,我们就知道马云是个怎样的人,都会不自觉地为他竖起大拇指。

每一个人都喜欢跟性格好、三观正、品德高尚的人打交道。一旦你的性格、价值观、品德方面得到大家的赞赏,那么你行为触发的故事,不用你讲,也会声名远播。

2016年4月,一位顺丰快递员在派送过程中不小心与一辆小轿车发生剐蹭,没想到车主下车后连抽快递员耳光并且大声辱骂快递员,任凭旁人如何劝说都不停手。当日晚间7点,顺丰官方微博迅速做出回应："我们的快递小哥大多是二十几岁的孩子，他们不论风雨寒暑穿梭在大街小巷，再苦再累也要做到微笑服务，真心希望发生意外时大家能互相理解，首先是尊重！我们已找到这个受委屈的小哥，顺丰会照顾好这个孩子，请大家放心！"

顺丰的回应，温暖了一线的快递小哥以及一波网友。而后面顺丰总裁王卫发了一条朋友圈，言辞激烈："我王卫向所有朋友声明，如果这事不追究到底，我不再配做顺丰总裁！"这句话更是感动了无数人，王卫这种有担当的形象，立刻获得如潮好评，立即传遍全网。

我们在实现愿景的行动过程中，所发生的各种各样的故事，都展示出我们方方面面的个人形象。你的性格如何，你的价值观如何，你的道德修养如何，统统都暴露在跟你打交道的人的眼皮底下。

如果你打动了你的受众/粉丝，就能赢得他们的赞赏，他们甚至会自发地传播你的故事。同样，如果你的行为让他们反感，也会被他们大量传播放大。

说到底，能成为优秀品牌的企业和个人，一定是凭借价值取向和行为赢得大众的喜欢和尊重。

所以，这里需要强调的是，行动故事要赢得受众/粉丝的赞赏，打造自己的个性标签，需要你遵照个性标签所策划的内容，刻意让自己的行为都围绕这些个性标签展开。

也就是从我们开始打造个人品牌那一刻起，就要把自己的经营理念和价值观始终如一地贯彻在个人品牌打造过程中。你的一举一动，都要符合自己设计的个性标签内容。

通过这些标签，你才能演绎出自己精彩的行动故事。

有时候不一定需要什么惊天动地的事情，哪怕是你实现愿景的努力、你打造产品时的认真、你服务受众/粉丝时的用心等等，都能赢得受众/粉丝的赞赏。

你只要把其中有代表性的、典型的故事分享出来，一定能赢得受众/粉丝赞赏，并顺利圈粉。

当然，你在讲这些故事时，不需要直接说自己有多优秀，只要把故事生动地表达出来即可。

什么意思呢？

就是说，你是什么个性，让受众/粉丝自己从故事中去解读，不需要自己点明，这样既宣传了自己，又不会让自己尴尬。

（三）成果故事，用结果获得粉丝认可

美好的愿景，如此打动人；高尚的行为，如此让人赞赏；那么，你为受众/粉丝解决棘手的问题，满足他们迫切的需求，一定会获得他们的认可。

因为，得到自己想要的结果，是受众/粉丝的终极目标。所以，用结果说话是最有说服力的沟通方式。

如果说阿里巴巴的"让天下没有难做的生意"这个口号就能打动人心，那么当马云讲出下面这段故事，是不是会得到更多的认可？

"我每次出去吃饭都不用自己付账。有一次我在餐馆吃饭，结账的时候发现账单已经付过了。服务生指了远处的一个人：'他已经帮你结账了。'他还给了我一张结账者留的字条，上面写着：'非常感谢阿里巴巴，我凭借这个平台赚了很多钱，所以这顿饭还是我请吧！'还有一次，我在一个咖啡馆，有陌生人送给我一支雪茄，附上了字条：'谢谢你，因为你的公司，我赚了很多钱。'另外一次，我在入住酒店时，碰到的一个门童也对我表示感谢，他说：'我的女朋友在阿里巴巴的平台上赚了很多钱。'"

马云通过故事，巧妙地把阿里巴巴的价值和作用体现了出来，间接告诉你，阿里巴巴能够帮助创业者赚到钱，"让天下没有难做的生意"不是一句空话。

所以这里我们需要明白一个道理，如果你不能给交付结果，那么，你做什么生意都不能在市场上立足；如果自己不能创造成果，那么，你所有的努力也就没有了意义。

向受众/粉丝交付结果，为自己创造成果，这是所有商业的根本目的。如果说你的愿景让人心动，你的行为让人赞赏，那么，能交付结果，你就更能获得受众/粉丝的认可。

有结果，有成果，就可以证明你的产品或服务，能给粉丝/受众带来价值。一个产品或服务，能够真正解决他人的实际问题，满足他人的需求，没有不成功的。

所谓成果故事，就是把你向受众/粉丝交付的结果，以及你在服务受众/粉丝的过程中所取的成果、成就，通过故事的形式讲出来。这样的故事，受众/粉丝肯定爱听，也爱传播。

打造个人品牌，不管你想要给受众/粉丝提供什么产品或服务，关键在于能不能为受众/粉丝解决实际问题。所以，把自己创造的成果分享出来，胜于一切。如果你没有成果，就要加倍努力创造成果。

当然，成果有大有小，但每个成果都难能可贵。你可以分享大成果，也可以分享小成果。只要你把它通过故事的形式讲出来，传递给你的受众/粉丝，就一定会获得他们的认可。

第四节
三个公式，
助你讲好自己的品牌故事

现在，我们已经知道了如何策划构思故事，也知道了讲什么故事适合自己。接下来再给你三个公式，助你讲好自己的品牌故事。

三个公式对应愿景故事、行动故事、成果故事这三种故事。帮你彻底解决个人品牌故事问题。

那么故事怎么讲才动听呢？

《你的品牌需要一个讲故事的人》这本书认为：好故事第一定律——结构！结构！结构！也就是前面所说的合理的结构。在结构的基础上再有感而发，这样讲出的故事一定更动听。

（一）故事公式一：问题+愿景

我们先讲故事公式一，这个公式用来讲你的愿景故事。

那么，愿景故事用什么样的结构来讲呢？

就是：愿景故事=问题+愿景。

也就是说，我们在讲愿景故事的时候，要非常明确地告诉

· 第七章 个人品牌故事策划

受众/粉丝,自己要解决的问题是什么,希望帮助受众/粉丝实现什么样的美好蓝图,或者说让他们得到什么,比如前文所说的效果如何、结果怎样、收获如何等。

熟悉马云的朋友都知道,他经常讲创办阿里巴巴的愿景故事。现在我们就用这个公式来拆解一下。

问题:"1995年,我第一次踏上美国的土地,是去帮助美国地方政府修建公路。我清楚记得我在西雅图第一次接触到因特网。我的朋友开了一个互联网小公司,当时网速也很慢。他们要我试一试,我甚至拒绝碰电脑。因为那个年代,电脑在中国太贵了,如果我碰坏了,我怕赔不起。在朋友的再三劝说下,我第一次'触网',我第一个搜索的词条是'啤酒'(beer),然后页面上跳出了来自德国、日本等各个国家的啤酒,唯独没有中国的啤酒。我搜索的第二个词条是'中国'(China),但没有任何结果显示出来。当时已经是1995年,而关于中国的数据是0。于是,我想为什么不做一个中国的网页。

"说干就干,我的朋友做了一个关于中国的网页,那个网页用现在的眼光来看非常丑。我们上线网页的时间是9点40分,中午12点的时候,我接到朋友的电话。他激动叫道:'你知道吗,我已经收到5封电子邮件。'那时,我还傻傻地问:'电子邮件是什么?'后来我赶到他的公司,看到邮件中写道:'你们在哪里,为什么之前没看到中国的信息,我们可以合作做点什么吗?'从那时候开始,我决定做互联网公司。"

愿景:"我希望在互联网上尽快看到中国企业的信息,尤其

189

是那些缺少展示资源的中小企业，更是需要借助互联网来获得机会。后来我们创办阿里巴巴，就是为了帮助中小企业拥有一个展示自己的平台，让它们与世界连接，实现交易，做成生意。"

（二）故事公式二：行为+价值观

接着我们来讲故事公式二，这个公式用来讲你的行动故事。那么，行动故事用什么样的结构来讲呢？

就是：行动故事=行为+价值观。

也就是说，我们在讲行动故事的时候，要让自己的价值观在行为中体现出来。

下面我们就来看一下乌鸡白凤丸的故事。

行为：道光二十九年（1849年）八月初八，同仁堂铺东兼掌柜乐平泉的心情非常好。早上起来以后，他打了一套太极拳，感到全身轻松，便往同仁堂药铺走去。

太阳已经升起一竿子高，灿烂的阳光洒在大地上，洒在人身上，到处都是金黄的一片。"同仁堂的辉煌时期也许又要到了。"好的心情和美好的环境使乐平泉想起了同仁堂，想起了自己的事业。

刚到同仁堂药铺不久，听铺里的伙计说，乌鸡白凤丸的生产好像遇到了点问题。乐平泉的好心情一下消去大半。于是他马上来到乌鸡白凤丸的生产场地，乐平泉这才知道乌鸡只有十几只了，如不马上补充，就会影响乌鸡白凤丸的生产。

"东家,纯种乌鸡特别不好找,稍微有点杂色的可不可以用?"有人问。

"不能用,必须用纯种乌鸡。"乐平泉回答。

"如果没有纯种乌鸡,就用有点杂色的鸡代替吧,反正也不会影响药品的质量。"又有人说。

价值观:听了伙计的话,乐平泉控制住了自己的情绪,他想到没有及时了解乌鸡库存的情况,自己也有责任,况且,再创同仁堂的辉煌,不正是可以从目前这种情况开始吗?

"你们真不知道同仁堂祖上传下来的规矩吗?用料必须上乘,因为药料质量的优劣直接影响着处方的疗效,独特的处方必须依赖上乘的药料才能发挥作用。"乐平泉开始耐心解释。

那个青年人似乎明白了,听乐平泉讲的时候一个劲地点头。

可是只有十几只乌鸡了,怎么办?乐平泉吩咐伙计,立即到顺义、平谷等地购买。如果暂时买不到,宁可暂停乌鸡白凤丸的生产,也不能用有杂色的鸡代替。

(三)故事公式三:英雄之旅

最后我们来讲故事公式三,这个公式用来讲你的成果故事。

那么,成果故事用什么样的结构来讲呢?

大家都喜欢看好莱坞电影,觉得好看。不知道你有没有研究过为什么大家会觉得好看,好莱坞电影之所以好看,就是因为他们的编剧有个"英雄之旅"故事公式,让观众沉浸在跌宕起伏的故事情节中。

打造个人品牌,就是一种创业行为,而创业是一次英雄之旅。所以我们讲成果故事,用这个"英雄之旅"故事公式,来征服自己的受众/粉丝,一定会有很好的效果。许荣哲在《故事课》中,把"英雄之旅"故事公式分为七个步骤(图7-3)。

图7-3 "英雄之旅"故事公式

现在我们就试着用这七个步骤,练习讲一下乔布斯的故事。

目标:乔布斯的人生目标是什么?答案正是他对百事可乐的约翰·斯卡利说的"改变整个世界"。这个目标也太大了吧?正因为大,乔布斯才足以成为传奇。

阻碍:乔布斯的母亲未婚生子,因此小乔布斯一出生就过继给了养父母。乔布斯的养父母是卖二手汽车的商人,他们一辈子没上过大学,不像比尔·盖茨有富爸爸、富妈妈。学生时代的乔布斯头脑很好,但不擅长学习。大学才读了六个月,他就因为经济原因而休学,再加上他自己觉得在大学学不到有用的东西,一年半后正式退学。

努力:乔布斯本身并不懂计算机,但那一点都不重要,重要的是他成功说服了他的朋友斯蒂夫·沃兹尼亚克,把他设计出来的计算机拿出来卖。当年,计算机还不是商品。当乔布斯的同学还在大学里读死书时,二十一岁的他已经在自家车库,和斯蒂夫·沃兹尼亚克成立了苹果公司。他们一起创造了世界上最早商业化的个人计算机，它的名字叫Apple I。

结果：从Apple Ⅰ到Apple Ⅱ，再到Apple Ⅲ，基本上都不太成功，直到他们推出第一台麦金塔计算机，并从百事可乐挖约翰·斯卡利来担任CEO，还模仿作家乔治·奥威尔的著作《1984》做了一支电视广告，名字就叫《1984》（这一年正好就是1984年），三箭齐发，才引起了很大的反响。这时的乔布斯终于来到人生的巅峰，不只在公司的影响力大增，还担任了苹果公司的董事长。然而好景不长，同年年底，麦金塔计算机销量下滑，再加上最初一起创业的伙伴斯蒂夫·沃兹尼亚克离开苹果，乔布斯被公司员工以及董事会认定是苹果公司发展的障碍。就这样，乔布斯被逐出了自己一手创办的苹果公司。

意外：乔布斯离开苹果十年后，苹果的经营陷入了困境，市场占有率从巅峰时期的16%，跌到惨不忍睹的4%。一年亏损十亿美元，九十天之内就会破产。而另起炉灶的乔布斯，不仅成立了自己的计算机软件公司，还从《星球大战》导演乔治·卢卡斯手上收购了皮克斯动画工作室，也就是后来制作了《玩具总动员》《海底总动员》的动画工作室。中国有句老话叫"十年风水轮流转"，把它套在苹果和乔布斯身上特别适用。正是这个奇妙的转机，逼得苹果高层必须拉下脸来，把乔布斯请回去救火。

转弯：就这样，担任苹果公司临时CEO的乔布斯，一边整顿公司内务，一边试图重建一个全新的苹果公司。1997年，苹果推出 iMac，并搭配一支叫《不同凡想》（Think Different）的广告，创新的设计加上不凡的理念，使产品大卖，苹果计算机度过财务危机。随后，苹果乘胜追击，推出大受欢迎的 Mac OS X 操作系统。乔布斯全面翻红，从临时 CEO 变成正式 CEO。

结局：关于结局，我想大家都很清楚了，人们永远记得担任 CEO 的乔布斯在苹果的产品发布会上侃侃而谈、意气风发的样子。他一次又一次地带给人们惊喜，从 iPod 到 iPhone，再到 iPad，一个又一个划时代的电子产品诞生。乔布斯真的实现了他最初的目标——改变整个世界。

当然，如果你的成果故事没有这么复杂和跌宕起伏，那至少也要有前面四个步骤。另外，这个故事公式，还可以用来讲你的产品研发、服务故事等。

第八章

个人品牌信任状策划

CHAPTER 8

现在有很多人已经意识到个人品牌的重要性，并走在了个人品牌打造的路上。但有的人走着走着就走丢了，有的人走着却进展缓慢，甚至是原地打转。

为什么会这样，你是否思考过？

这个问题的答案涉及信任状。信任状在打造个人品牌过程中起到的作用可以说是决定性的。你的个人品牌能不能打造成功，跟它有着密切的关系。

这也是我们要策划信任状的原因。如果你能给自己打造出让人一听、一看就会对你产生认可的信任状，那么你的个人品牌就会顺利建立和发展起来，甚至会一路高歌猛进。

由此可见，想要让自己的个人品牌有所作为，我们无论如何都要策划出信任状。

第一节
为什么要策划信任状

打造个人品牌,坚持不下去或者进展缓慢,说到底就是你的产品或服务不好成交,市场推广效果不理想。

有的人为此感到极为郁闷:明明自己的产品或服务不输别人,甚至更好,但就是没有人愿意购买,而别人的却卖爆了。

其实无须郁闷,打开市场本来就不容易,关键是要找到成交难的根本原因。可惜大多数人没有找到。

我听到的答案可以说是五花八门,有人说是因为推广方案不好,有人说是因为选择的推广平台不对,有人说是因为价格不合理,等等。但在我看来,根本原因是受众/粉丝对你的产品或服务没有产生信任。估计有人看到这里就急了:他们根本没用过我的产品,没有接受过我的服务,怎么能产生信任?

话虽如此,可作为受众/粉丝,对你宣称的产品或服务有某种独特价值持怀疑态度也很正常。在他们眼里商家总是自卖自夸,所以不会轻易相信我们的说法。

那怎么办呢?有一样东西,可以解决双方看似不可调和的矛盾,那就是信任状。只要有了信任状,就有了让受众/粉丝认可你的理由。对打造个人品牌来说，就是你的定位有了证据，可以向受众/粉丝证明你值得信赖！

（一）什么是信任状

信任状就是指让品牌定位显得可信的事实，即客观事实或认知事实。简单地说，信任状就是证明品牌定位的证据。

比如，一些新品牌为了打开市场，就选择在北京、上海这样的一线城市先开门店；有的品牌为了显示自己是高端品牌，就在繁华地段开一个大门店；刚开业的商场为了引流，就给品牌商免费装修店面，请它们入驻；一些机构为了展示自己专业，就在自己的墙上挂满各种牌匾；大品牌为了匹配自己的品牌定位，就选择在京东等大平台首发新品……

这些商业操作，说白了都是为了获得受众/粉丝的信任，来证明自己的品牌定位，从而打开市场或巩固市场地位。

信任状是受众/粉丝选择你的理由，或者说是受众/粉丝心智中的担保物。他们以此来降低自己的购买风险，解除消费的后顾之忧。

所以说到底，信任状就是用来帮助品牌定位变得更加可信的。当然，就个人品牌而言，信任状是用来让你的定位诉求变得更加可信的。

阿基米德说："给我一个支点，我就可以撬起地球。"

那么，对于打造个人品牌来说，信任状就好比这个"支点"，而你的受众/粉丝就好比"地球"。只要你拥有这个"支点",就能撬起受众/粉丝这个"地球"(图8-1)。

图8-1 撬起受众/粉丝这个"地球"

也就是说,当你有了自己的信任状,受众/粉丝就会默默根据你呈现出来的信任状,来判断是否跟你成交、合作。

(二)所有的成交都是因为信任

相反,如果你没有信任状,就很难撬起受众/粉丝这个"地球"。那打造个人品牌不见起色,就是自然而然的事了。

一句话,没有信任状就无法取得信任,没有信任就无法成交。信任是所有成交、合作的前提基础,换句话说,所有的成交都是因为信任。

企业与企业之间,个人与个人之间,企业与个人之间,各种各样的商业成交与合作,都离不开信任这个前提。你签一份合同,签一个大单,和你在商场、平台、直播间下的每一个订单,都是建立在信任的基础之上。哪怕是在路边摊买个早点,你也会不自觉地评估一下老板的卫生状况,如果老板看起来是个脏兮兮的人,你就会怀疑他卖的早点不卫生,而因此不买他的早点。

受众/粉丝就是这样,他们从各个维度来评估你的可信度,比如你的口碑、品牌、宣传、展示等。无论是企业还是个人,在成交、合作之前,都是如此被"偷偷"地评估着。所以企业或者个人就要通过一系列的方式方法,来建立受众/粉丝对自己的信任。换句话说,信任,是在你商业活动的各个维度中形成的。

由此可见,业务开展不起来,一定是信任存在问题,或者是某一方面信任度不够造成的。

如果成交不理想,就先看看自己的信任状如何吧。

(三)没有信任状的个人品牌,都是空中楼阁

大家开始打造个人品牌,只是意识到了品牌的重要性,但并没有意识到信任状在打造个人品牌过程中的重要性。虽然整天忙个不停,却不在打造信任状这个点上下功夫。

在我看来,没有信任状的个人品牌,都是空中楼阁。不在"支点"——信任状上发力,你再努力,打造个人品牌这件事,总会显得虚无缥缈。

如果我们把打造个人品牌比作建房子,那么个人品牌有了定位、标签、名字、视觉锤、口号等,就像是房子有了地基和框架。房子只有地基和框架,四面透风,显然是无法入住使用的。要想真正住人,还要用一块块的砖头把墙砌起来,围成一个个房间才行。

同样，个人品牌打造，如果只是修建了"地基"，搭了"框架"，那么一样是四面"透风"，何谈成交、合作呢？

所以，我们打造个人品牌，一样要用一块块"砖头"把墙砌起来，也就是用一个又一个信任状，把四面"透风"的问题解决掉，最终才有人愿意跟我们成交、合作。

为了让自己的个人品牌变得真实可信，我们还要继续策划构思自己的信任状，并将其打造出来。

第二节
如何策划个人品牌信任状

对于从无到有打造个人品牌的人来说,在知道打造个人品牌需要有信任状证明自己的定位后,都会不自觉地感到迷茫和无奈:我才刚刚开始,哪里来的信任状呀?

这确实是一个非常棘手的问题。可是如果没有信任状,我们根本无法打造自己的个人品牌。那怎么办呢?

这时候,策划就变得特别重要了。有时候策划能力像是一种魔法,让我们有无中生有的魔力。现在我们就来发挥一下这种魔力,看如何"生"出自己的信任状。具体地说,策划个人品牌信任状分为三个步骤,通过这三个步骤,你就会不断地"生"出信任状来(图8-2)。

图 8-2 个人品牌信任状策划的三个步骤

（一）找路径：10个路径总有你能用上的

万事开头难，而要解决开头难的问题，首先得在思维上实现突破。正所谓思路决定出路。接下来我们就一起来找找，都有哪些路径可以获得自己的个人品牌信任状。

路径一：学历

对于大多数人来说，学历是一个既有东西，是一个现成的信任状资源。应该是一个比较容易想到的信任状。

虽然学历不代表一个人的实际能力，但如果你的优势定位跟自己所学的专业相关，那么学历对你的个人品牌，会起到一定程度的加分和信任背书的作用。比如硕士、博士学位，对自己的身份提升还是很直接的。

当然，用学历做信任状，要看你在什么领域。有的领域只看实力，有的领域看重学历。前者，学历能起到的作用就比较有限；后者，学历能起到的作用就比较明显了。

在看重学历的领域，如果你的学历没有优势，那么，这个时候，就要考虑是否提升学历来获得一个信任状。如果时间允许就努力去获取一个学历。

路径二：证书

证书（资格证书、荣誉证书、获奖证书等）就是来自第三方的证明，证明你在某个领域拥有的专业水平或业务能力。第三方证明往往比自说自话更有说服力，而且一些领域的证书含金量还挺高的，比如国际注册会计师、一级建造师、精算师等证书。

如果你觉得学历不足以证明自己,提升学历时间成本太高,那么你也可以考虑一下相关领域的各种证书。

就资格证书而言,目前很多领域都有相关的证书可以考。比如你的定位是心理咨询领域,那么就可以去考心理咨询师资格证;比如你的定位是教师行业,那么就去考教师资格证;再比如你的定位是营销领域,那么就去考国家高级营销师等等。只要证书含金量够高,就有信任背书的作用。

当然,如果你擅长发明创造,也可以去申请专利证书。专利证书对你提高身价非常有帮助,同时对你占据个人品牌空位,更是一个垄断性的直接证明。

路径三:名师

与学历、证书一样有信任背书作用的就是名师。如果你的领路人——师傅或导师,有一定影响力,也能对你的个人品牌起到信任背书的作用,是一个不容错过的信任状路径。

比如你的师傅是郭德纲、你的导师是俞敏洪,别人能不对你另眼相看吗?答案是肯定的。就像我们在定位中讲到的,通过传承发扬,直接推动自己打造个人品牌,其实就是借助师傅或导师的影响力。

如果在你个人品牌定位的相关领域里,你曾经跟随过名师,就直接把他们搬出来。要是没有,也可以考虑拜个名师。

路径四:资历

如果学历、证书、名师都不能做你的信任状,那么还可以看看自己的资历如何。资历相比学历、证书、名师，其实更有说服力。因为资历是你通过实践，一点一滴积累出来的实力，不是证书或造假就可以获得到的东西，它完全能起到信任背书的作用。

如果一个人在某个领域有5年、10年、20年……的从业经历，就会让人感觉他经验丰富。以此判断他在这个领域的资历够不够深，是否是一个有实力的人。虽然这只是人们对一个人能力认知的一种方式，但是像这样的固定认知，就是一个事实。前面我们也讲到，认知事实就是信任状。这就是为什么一些品牌和个人的slogan（广告口号）喜欢强调时间。

比如，"专注少儿教育10年""20年从业经验""专业做面30年""一辈子只做一件事"等等，这些口号强调多少多少年，都是为了让人对品牌或个人产生靠谱的信任联想。这就是用资历做背书。

如果你在一个领域里深耕，不妨把自己的资历梳理出来，作为自己的信任状。

路径五：头衔

头衔，给人一种权威的感觉，它的说服力就不必多说了。比如什么会长、专家、教授、总监之类，这些头衔都很有影响力，绝对是一个强有力的信任状。

在讲标签策划的时候，我们就讲过在标签上体现头衔，就是为了能够产生信任背书的作用。

如果你有一些不错的头衔，就可以大方地把它们搬出来，作为自己的信任状。如果没有，需要的话就去争取一下，比如升职，加入相关行业协会、高端社群等等，都可以获得一些头衔。

路径六：服务对象

服务对象，就是你工作过或服务过的名企、名人。这些服务对象也能成为你的一个信任状。因为在别人看来，在名企工作过，或者给名企提供过服务，一定是很厉害的人才有资格。哪怕是给名人提供过服务，一样具有信任背书的作用。

比如，当我们听到有人说自己在世界500强公司工作过，就会觉得这个人很厉害；或者你服务过明星、富人、老板等高端群体，也会让人觉得你很厉害。

如果你曾经服务过的对象够知名，也可以把他们当作信任状来用。当然这也可以刻意去获得。

路径七：案例

成功的案例，无疑是一个再好不过的信任状。因为成功案例就是你向用户交付的成果，是你实力和价值铁证如山的证据，显然是最有说服力的信任状之一。

如果能拿出几个案例来，信任的问题就能得到很好地解决。

当然，对于刚出道的人来说，拿出案例也是最难的事。因为案例是实践后的结果，在你还没有知名度的时候，不会有人愿意给你当小白鼠，这时拿案例来做信任状，就是一个悖论。

如果实在要拿案例做信任状，也不是完全没办法，比如我们可以低价购买或免费获取几个案例作为样板。这个方法在商

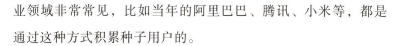

业领域非常常见，比如当年的阿里巴巴、腾讯、小米等，都是通过这种方式积累种子用户的。

不过，案例打造的时间，不同领域不尽相同，在选择用这个路径打造信任状的时候，你需要在适合的阶段安排它。已经有一些案例的人，只要把典型的案例挑选出来，用适合的方式展示出来即可。

路径八：服务数量

你的服务数量足够多，也是一个非常有力的信任状。因为受众/粉丝会启动自己的理智脑去分析，自行证明你是有实力的：他有那么多的服务数量，应该是很有实力的，否则也不会有那么多人接受他的产品或服务。

这就是为什么很多人喜欢把自己的销量展示出来。比如，"一年卖出3亿多杯，杯子连起来能环绕地球一圈""连续7年，全国销量领先""我拥有一百多万粉丝""我写过30篇阅读量超10万的文章""我的视频全网播放量有1亿多""我的课程卖出50万份""我的店门口顾客排队都有几百米长""我的图书畅销10万册"……

当我们听到、看到这些数据的时候，就会觉得这个企业、这个人的产品或服务应该不错。

所以，服务数量又是一个信任状路径。赶快看看自己的销售数据吧！

路径九：合作伙伴

合作伙伴，是一个与服务数量类似的信任状。如果你的合作伙伴够高大上，受众/粉丝也会认为你厉害。不过这个信任状路径隐藏得稍微有点深，不加留意就会忘了用上它。

这几年在餐饮领域，有很多明星创立的项目，在市场上兴起不小的浪潮，很多人抱着数百万元加盟费，争先恐后想要加盟。为什么很多加盟项目推广不起来，而这些项目却有那么多人想要加盟呢？

原因就一个，这是明星开的馆子。有了明星的光环效应，大家都以为可以赚大钱。哪怕有些馆子事后被爆料有"割韭菜"的嫌疑，明星只是项目的合伙人，并非创始人，但大家依然对这类项目感兴趣。

还有一些人就特别喜欢找那些有头有脸的人合影，哪怕付费都愿意。这都是试图借助这些人做信任背书，带动自己的生意。

如果你刚开始还没有这些资源也无妨，打造个人品牌是一个长期的事，要是需要这样的信任状，你可以刻意往这方面去寻找和积累。比如合伙人、投资人、上下游合作者等都可以。

路径十：出书

出版图书，也可以是一个信任状。因为它是一个严肃的产品，具有一定的权威性。而且在绝大多数的人看来，出书是自己遥不可及的事，只有那些专家、名人、牛人才出书。所以，大家对能出版图书的人更加信任。

从古至今，出书都是那些名人做信任状的惯用方式。如果你能出版一本书来做信任状，那无疑是拥有了一个有权威性的信任状。

当然，这条信任状路径没有那么好走。你要在自己的领域里有足够的积累和沉淀，才能写出一本书来。没有一定功力，难以做到。

不过，我非常建议你去写一本！因为当你能写出一本书的时候，相当于对自己的知识进行了一次深度的梳理，这样对你的成长非常有帮助，借此，你的专业能力会再上一个台阶。

现在，我们已经找到了10个信任状路径，相信这10个路径，总有一些可以帮你获得信任状，从而让你拥有一些"支点"，去撬动受众/粉丝这个"地球"，成功打造自己的个人品牌。或者说，这10个信任状路径，足够把你个人品牌"四面透风"的墙砌严实。

在实际操作的时候，要灵活应用它们。

（二）先筛选：选择即刻能用或短期能打造出来的路径

当我们找到了这么多的信任状路径时，相信你已经不再为信任状感到窘迫。但你又会发现，有些信任状不是一朝一夕就能拥有的，而眼下又急需一些信任状来启动自己的个人品牌。

那怎么办呢？

最简单的办法就是，先从中选择一些即刻能用，或在短期内能打造出来的路径，作为个人品牌的前期信任状。

即刻能用的，比如学历、名师、资历、服务对象等。一般情况下，每个人在打造个人品牌之前，就具备其中一两个信任状，在你个人品牌的启动时期，这些就可以先拿来用上。

接着，再把短期能打造出来的信任状打造出来，比如证书、头衔、案例等，这些在较短的时间内是可以获得的，如果需要，一定要努力让它们成为你的信任状。

这样，你的个人品牌启动之后，信任状就会随之丰富、增强。继而不断地推动你的个人品牌向正循环方向发展。

（三）陆续打造：在打造个人品牌过程中不断丰富信任状

对于那些需要更多时间来沉淀的信任状，比如服务数量、合作伙伴、出书等，很难在一朝一夕获得，那就在打造个人品牌过程中陆续获取。

比如服务数量，只有在你启动个人品牌，业务进入良性循环的时候，才能不断地增长，且要增长到一个让人信服的数量时，才能对你打造个人品牌有帮助。比如香飘飘奶茶的广告语"一年卖出3亿多杯，杯子连起来能环绕地球一圈"。如果你只卖出几千、几万杯，恐怕就不能把它作为信任状，来给自己的品牌做信任背书。

比如合作伙伴，只有当你发展到一定阶段，才有高势能的合作伙伴选择跟你合作。除非你一开始起点较高，那就另当别论了。

比如写书出版，前面讲到了，你要在自己的领域里有足够的积累和沉淀，才能写出一本书来。

这几个信任状都没法在短时间内获得，需要在打造个人品牌的过程中慢慢积累。

当然，信任状的路径选择没有绝对的先后顺序，打造所需的时间长短，也都是因人而异。关键是要懂得根据自己的情况策划布局：先筛选出哪些信任状即刻能用，哪些在短期内能打造出来，哪些要在打造个人品牌过程中陆续打造。这样，在打造个人品牌的过程中，就不至于前期一筹莫展，后期发展乏力。

最后，你还要明白，不断丰富信任状是你在打造个人品牌的路上一直要做的事，信任状不怕多，更不怕精，所以要努力增加、升级自己的信任状。

说到这里，下一节我们还要继续讨论一个相关问题。

第三节
信任状与定位、标签

为什么要讨论信任状与定位、标签呢?

关于个人品牌策划,讲到这里已经基本讲完了。当你策划好自己的个人品牌后,接下来要做的,更多的是运营实战。

要想从运营实战中拿到成果——成功打造个人品牌,还有一段漫长且复杂的路要走。

我想,这个时候有必要对个人品牌核心部分之间的关系进行一下梳理。好让自己清楚它们之间的关系,以便在纷乱如麻的运营实战过程中,能始终把握住自己的战略方向,牢记自己的战略目标和关键战术。

这样,你就会知道自己的工作为何而做,做完又会达到什么效果,心里就会更加有数,同时也会让自己更加坚定。

所以,探讨完信任状后,梳理一下信任状与定位、标签之间的关系就显得尤为重要。

(一)定位是寻找空位

从个人品牌定位策划中,我们知道了定位的本质是解决战略问题。定位让我们知道自己的优势所在，该选择进入什么样的领域，以及在什么位置上能赢得竞争。

这个能赢得竞争的位置，就是我们寻找的空位。在心智定位中，我们花了大量的时间和精力寻找这个空位，目的就是为了寻找一个对竞争有利的位置，并且占据它，从而形成自己想要的标签，也就是所谓的个人品牌。

从这个意图看，这个定位就是我们的战略方向；形成自己想要的标签，就是我们的战略目标。换句话说，个人品牌定位，是你始终要把握住的战略方向；形成自己想要的标签，是你始终要牢记的战略目标。

那如何占据这个空位，来实现自己的战略目标呢？

答案就是用信任状。

（二）信任状就是空位的填充物

在我看来，信任状就是这个空位的填充物，用它来占据这个空位。因此，打造信任状就成了我们的关键战术。

既然信任状就是这个空位的填充物，那么，只有我们不断地往这个空位里填充它所需要的信任状，这个空位才能一点一点地被我们占据。由此我们知道，信任状越充足，这个空位我们就占据得越牢。

这就促使我们寻找更多的信任状路径，获得更多的信任状往这个空位里填充，从而形成自己想要的标签。

现在明白为什么我们要寻找这么多打造信任状的路径了吧？

自然是为了让你有足够多的信任状来填充这个空位。

其实，并非只有打造个人品牌才需要这么多信任状，打造商品品牌，同样需要从各个维度来打造信任状，尽量让受众/粉丝不管从哪个维度看，都能产生信任。

在《升级定位》这本书中，讲到了三种类型的信任状：品牌可信承诺、顾客自行验证、可信第三方证明。

第一类信任状就是品牌可信承诺。承诺的内容能够降低顾客的购买风险。比如，承诺让顾客免费试吃、免费试用。像"先尝后买，不甜不要钱"，就是品牌可信承诺。

第二类信任状就是顾客能够自行验证的事实，包括产品或服务的质量、品位、包装品质、门店形象、销售渠道、老顾客口碑等等。比如我们去饭店吃饭，就会选择人多排队的餐厅，这就是自行验证后做出的选择。

第三类信任状就是可信第三方对品牌的证明或背书，包括官方组织的认证、专业机构的评价、有影响力顾客的认可等等。比如现在很多人在消费前，都会先参考一下KOL（关键意见领袖）的推荐再做决定，KOL（关键意见领袖）的推荐就是一种可信第三方证明。

其实，这三种类型的信任状就是从各个维度来打造的。我们所见到的品牌，为了构建品牌信任，几乎把这些信任状全派上了场。

所以，你也要努力去打造信任状，只有这样，才能确保品牌战略目标的实现。

(三)空位填得越满,标签就越亮眼

我们知道,在定位策划时,我们所寻找到的那个空位,在受众心智中就是一个概念,也就是我们所说的定位。比如沃尔沃汽车,之前就想在受众心智中种下"安全"这个概念,希望这个概念成为自己品牌的标签,让受众一想到"安全",就想到沃尔沃。

我们打造个人品牌,说白了,最终目的也是为了拥有一个标签,一个值钱的标签。前面我们已经说过,它是我们的战略目标,是打造个人品牌最后想要达到的目的。因为一旦在受众心智中拥有了这个标签,就说明你的标签已经形成——定位成功,这也意味着你的个人品牌打造成功。

但是,要把一个概念变成我们的标签,中间有一道深深的鸿沟。为了让定位、标签与信任状之间的关系更直观,我们用一张图来表示(图8-3)。

图8-3 定位、标签与信任状

前面我们讲到,信任状就是空位的填充物。只有我们不断地往这个空位里填充它所需要的信任状,这个空位才能一点一点地被我们占据，而占据空位意味着个人品牌打造成功——标签形成，定位成功。

由此可见，定位能不能成功，取决于标签能不能成立，标签能不能成立取决于信任状够不够多。换句话说，空位填得越满，标签就越亮眼。

弄清楚了这三者之间的关系，我们就知道，在你的个人品牌定位确定后，打造信任状将是往后运营实战中的重中之重。

总之，就是在个人品牌运营实战操作过程中，要始终把握住自己的战略方向，然后不断地打造信任状，最终达到打造个人品牌的目的。

后记
个人品牌是实力撑起来的

本书写到这里，已经接近尾声。对你来讲，能认真地看到这里，一定是真正想打造好自己的个人品牌；当然，对我来说，尽自己所能认真地写完一本书，肯定是希望能真正地帮助读这本书的人，打造出自己的个人品牌。

为此，我就借后记补充几句，让你对个人品牌打造有更深刻的认知，帮你更好地打造出自己的品牌。

/ 策划只是完成了个人品牌的树冠和树干 /

打造个人品牌，其实跟打造商品品牌一样复杂。如果把个人品牌的构建打造系统比作一棵树，那么我们的策划工作，只是完成了个人品牌的树冠和树干部分。

虽然，在这部分工作中你已经费了很大的功夫，但后面依然还有很多重要的工作等着你去做，甚至这些工作决定着你能不能成功打造出自己的个人品牌。

这并不代表策划工作不重要。因为在一个系统里，缺少了谁都转不动。就像第一章所讲的——个人品牌始于策划，即使你不是从策划开始自己的个人品牌，也要在打造个人品牌的路上补上策划这堂课，来精进你的个人品牌。

/ 实力是树根，代表作才是你的超级符号 /

我们知道，其实打造个人品牌的本质就是，把自己这个人变得更好"卖"，"卖"出更好的价格。要实现这个目的，前提还是你要有实力——能解决受众/粉丝的具体问题。可见，你的实力是个人品牌构建系统这棵树的根。

而这个根，就是来自你个人品牌的优势定位。所以，对它的"培植"始终是你打造个人品牌的核心工作。其实，在个人品牌策划模型中，就能看出它的核心地位。

只有树根扎得更深，这棵树才能生长得更茂盛。因为打造个人品牌没有任何可以忽悠的空间，是骡子是马，一遛，别人便知道。也就是说，个人品牌是实力撑起来的。

所以，我们做好定位之后，就要不断地精进打磨自己所定位的优势，并且把自己的才能产品打造成代表作。它才是你更需要打造的一个超级符号。

你看那些明星、名人，哪个没有代表作呢？

成龙有《A计划》、刘德华有《忘情水》、马云有阿里巴巴、马化腾有腾讯、王兴有美团……

/实力无人知晓,你依然没打造出个人品牌/

但是,不得不承认,你有多少实力和价值,在于受众/粉丝对你的认知。也就是说,你的个人品牌能否打造成功,关键看受众/粉丝对你的认知如何。

如果受众/粉丝对你一无所知,不知道你是谁,那么你再有实力,依然无法打造出自己的个人品牌!只有受众/粉丝看到你,就能想起你给自己打造的那个标签,或者看到这个标签就能想起你,那么,你的个人品牌才算被打造出来。

所以,个人品牌的优化、升级,离不开运营推广。目的就是让更多的人认识你、认可你、认准你。为此,通过各种渠道、各种平台、各种方式来运营推广自己,是你接下来要努力做好的又一项重要工作。

讲完这些,相信你对个人品牌打造有了更深刻的认知——看到了打造个人品牌的全局。有了全局观,我们就知道,打造个人品牌不仅要做好策划,还要不断地提升自己的实力,不断地提高自己的知名度。只有这样,才能成功打造出自己的个人品牌。

最后,预祝你成功!